KB181679

창의적 문제해결, TRIZ

트리즈

100배 활용하기 ①

정찬근·정다혜·이경원 공저

한국경제선정
HiCEO
명강의
hiceo.co.kr

MJ 미디어

추천의 글

문제해결의 원리를 활용하여, "있는 문제를 해결"하거나, "없는 문제를 발견하여 유·무형 재화를 기발하게 개선"하거나, "새로운 유·무형 재화를 창조" 해내는 기법이 바로 트리즈이다.

따라서, 트리즈는 공학도, 엔지니어, 과학자, 디자이너, 기업인 등에게는 필수적이라 할 수 있고, 예술가, 학자, 교육자는 물론 행정가, 정치가들에게도 매우 유용한 도구가 될 수 있다.

문제가 없는 사람, 문제가 없는 가정, 문제가 없는 기업·기관·조직·사회·국가·국제관계가 없는 세상이 되다보니 트리즈는 모든 사람들에게 필요한 기법이라고 할 수 있을 것이다.

저자들은 복잡한 발명원리를 적절한 사례를 들어가며 알기 쉽게 잘 설명해 줌으로써 훌륭한 트리즈 지침서를 만들었다.

40가지 문제해결 원리만 완전히 익히고 구사할 수 있으면, 특히 교육·기술·경영·마케팅·디자인 등에 종사하는 사람들은 상당한 능력을 발휘할 수 있고 경쟁력도 높아질 것으로 확신한다.

— 최준영(한국산업기술대학교 총장)

창의성이 범람하는 기업경영 현장에서 과연 창조경영을 어떻게 구체적으로 실천할 것인가를 고민하는 실무자와 경영자에게 구체적인 방법론과 적용 가능한 실천가이드 라인을 제공하는 역저이다. 무엇보다도 창의성을 발현하는 과정을 상세한 절차와 예제로 제시한 점이 모든 경영자와 실무자, 그리고 학술연구자에게 큰 도움이 될 것이다.

– 이건창(성균관대학교 경영학부 교수, 한국지식경영학회 회장)

다소 딱딱하고 복잡하게 느껴졌던 트리즈의 원리를 실생활의 사례를 통해 재미있고 유익하게 풀어낸 책으로, 부담없이 읽다 보면 저절로 학습이 이루어지게 된다.

– 한정화(한양대학교 경영대학 교수, 코스닥심사위원장)

트리즈 기법의 중요한 원리 중 하나인 40가지 해결원리를 우리 주변의 다양한 사례를 통해 보다 쉽게 풀어 쓴 책으로, 저자들의 탁월한 통찰력과 필체가 돋보인다.

이 책을 통해 다양한 문제를 발견하고 해결하는데 있어 많은 독자들에게 도움을 줄 수 있을 뿐만 아니라 보다 수준 높은 발명과 새로운 문제에 대한 도전의식을 고취시키는데 일조하리라 믿어 의심치 않는다.

– 백윤수(연세대학교 기계공학과 교수, (사)창의공학연구원 원장)

창의적 문제해결 기법에는 '양은냄비 기법'과 '뚝배기 기법'이 있다.

'양은냄비 기법'은 음식이 금방 끓는 양은냄비처럼 사용법이 간단하여 이해하기 쉽고 쓰기 쉬우며, 그 결과도 금방 나올 수 있는 기법이다. 브레인스토밍(Brainstorming)이나 브레인 라이팅(Brain Writing) 기법 등이 이에 해당될 수 있다.

반면에 '뚝배기 기법'은 양념이 잘 배어들어 깊은 맛이 나는 뚝배기처럼 습득하는 데 시간은 다소 걸리지만, 잘만 습득하면 오히려 굉장한 위력을 발휘할 수 있는 기법을 말한다. 트리즈 기법이 이에 해당된다.

트리즈 기법은 다양한 이론과 도구들로 구성되어 있는데 그 중에서도 트리즈를 처음 접하거나 트리즈를 어려워하는 사람들이 다가가기가 가장 수월한 것이 '40가지 발명원리'이다.

트리즈의 창안자인 젠리히 알트슐러(Genrich Altshuller, Russian)는 발명원리를 40가지로 집대성하였고, 이것은 발명을 하기 위한 도구로서 뿐만 아니라 일반적인 문제해결에 적용해도 그 유용성이 크다는 것이 여러 교육과 현장에서 확인되었다. 이 책은 트리즈를 심도 있게 접근하는 엔지니어나 발명가보다는 트리즈를 접하는 일반 사람들을 대상으로 하기 때문에 '40가지 발명원리'라는 표현을 쓰지 않고 '40가지 해결원리'라는 단어를 사용하고자 한다.

40가지 해결원리는 다음과 같다.

1. 분할(Segmentation)
2. 추출(Extraction)
3. 국소적 성질(Local Quality)
4. 비대칭(Asymmetry)
5. 결합 / 통합(Combining)
6. 범용성 / 다용도(Universality)
7. 포개기(Nesting)
8. 평형추(Counterweight)
9. 사전 반대조치(Preliminary Counteraction)
10. 사전 준비조치(Preliminary Action)
11. 사전 예방조치(Cushion in Advance)
12. 높이 맞추기(Equipotentiality)
13. 반대로 하기 / 역발상(Reverse)
14. 구형화 / 곡선화(Spheroidality)
15. 역동성(Dynamicity)
16. 과부족 조치(Partial or Excessive Action)
17. 차원 바꾸기(Moving to a New Dimension)
18. 기계적 진동(Mechanical Vibration)
19. 주기적 작동(Periodic Action)
20. 유용한 작용의 지속(Continuity of Useful Action)
21. 고속처리(Rushing Through)
22. 전화위복(Convert Harm into Benefit)
23. 피드백(Feedback)
24. 중간 매개물(Intermediary)
25. 셀프서비스(Self-service)
26. 복제 / 대체수단(Copying)
27. 일회용품(Disposable Product)

28. 기계 시스템의 대체(Replace Mechanical System)

29. 공기압과 수압(Pneumatics and Hydraulics)

30. 유연한 막과 얇은 필름(Flexible Membrane and Thin Film)

31. 다공성 재료(Porous Material)

32. 색상변화(Changing Color)

33. 동질성(Homogeneity)

34. 폐기와 재생(Rejection and Regeneration)

35. 속성변화(Parameter Change)

36. 상전이(Phase Transition)

37. 열팽창(Thermal Expansion)

38. 산화제(Oxidizer)

39. 불활성 환경(Inert Environment)

40. 복합재료(Composite Material)

40가지 해결원리를 독자 여러분들과 좀 더 다양하고 깊이 있게 나누어 보고자 40가지 해결원리들을 1, 2로 두 권에 나누어 다루었다. "트리즈 100배 활용하기 (1)"에서는 해결원리 1번 **분할**~20번 **유용한 작용의 지속**까지 다루고, "트리즈 100배 활용하기 (2)"에서는 해결원리 21번 **고속처리**~40번 **복합재료**까지 다루게 될 것이다.

강의현장에서 40가지 해결원리를 강의하다 보면 학습자들로부터 종종 이런 이야기를 듣게 된다.

"아니, 원리가 40개나 된다고요? 왜 이렇게 많은 거죠?"

"이렇게 많은걸 어떻게 써요?"

40가지라는 많은 원리 수에 지레 겁을 먹은 학습자들이 많았던 것이다. 그래서 창의적 문제해결에 많은 도움이 되는 40가지 해결원리에 대해 학습자들이 거부감을 느끼지 않고 어떻게 하면 친근감 있게 다가갈 수 있게 할 것인가를 고민하던 중 문득 B 아이스크림 업체가 제시하는 컨셉이 생각났다.

몇 년 전 B사 아이스크림 광고는 참으로 인상적이었다. 여러 사람들이 수문대에 와서 아몬드 봉봉, 초콜릿, 체리 쥬빌레, 쿠키앤쿠크, 초콜릿 무스 순으로 아이스크림을 본인들의 입맛에 맞게 주문하는 장면들이 지나가고 마지막으로 "골라먹는 재미가 있다"라는 내레이션이 나온다.

골라 먹는 재미. 개수가 많으면 많을수록 골라먹는 재미는 커진다. 이것을 40가지 해결원리에 접목해 보면 어떨까?

트리즈 40가지 해결원리에는 골라먹는 재미가 있다!

이 컨셉을 접목하였더니 학습자들이 40가지 해결원리에 대해 크게 부담을 느끼지 않고 받아들이곤 했다.

그럼 어떻게 골라먹으면 좋을까?

지식으로 많이 아는 것보다 적더라도 실천을 해 나갈 때 실천사례가 쌓이고 이것이 큰 힘이 된다. 따라서 전체를 한꺼번에 적용하려고 하지 말고 3종 세트, 5종 세트, 7종 세트로 출발하는 것이 좋다. 3종 세트의 경우 우선 40가지 해결원리 가운데 본인이 가장 만만하게 다가갈 수 있는 3가지 해결원리를 고르고 기존 성공사례에 대해 재해석해보거나 자신이 안고 있는 문제에 대해 적용해 보자. 필자의 경우, 3종 세트는 12번 **높이 맞추기**, 6번 **범용성/다용도**, 22번 **전화위복**이다. 이러한 훈련이 어느 정도 숙달이 되면 적용하는 재미를 느끼게 되고 자신만의 호흡과 속도를 조절할 수 있다. 이런 경험을 바탕으로 5종 세트, 7종 세트로 확장해 보자. 이렇게 3단계의 고비를 넘어가면 그때는 40가지 해결원리를 동시에 의식하고 접목해도 어렵지 않게 느껴질 것이다.

여기서 본격적으로 내용에 들어가기 전, 독자 여러분들께 당부하고 싶은 말이 있다. 책에 소개한 각각의 사례들은 한 가지 원리로만 해석되는 경우도 있지만, 여러 가지 원리로 해석되는 경우도 있다는 것이다. 이 책에서는 가장 가깝다고 생각되는 쪽으로 분류하려고 최대한 노력을 기울였다. 필자가 40가지 해결원리에 대한 강의를 해오는 동안 이런 문제에 자주 부딪히게 되었는데 오랜 고민 끝에 얻은 결론은 이것이다.

'40가지 해결원리는 문제 해결을 하기 위해 아이디어를 얻는 수단으로 사용하는 것이 본질이지 원리 하나하나에 집착하는 것은 아니다.'

여러분이 가르치는 입장이 아니라면 굳이 어떤 원리에 들어가느냐를 놓고 고민하기 보다 본인이 해결하고자 하는 문제의 힌트를 얻는 방향으로 고민하는 것이 훨씬 효율적일 것이다.

이 당부의 말을 꼭 기억해주기를 바라면서 자, 이제 함께 골라먹는 재미가 있는 40가지 해결원리 속으로 여행을 떠나보자!

contents | 차 례

1. 분할
나누고 쪼개자

여러분 앞에 커다란 수박이 하나 놓여있다.
자, 수박을 먹자면 무엇부터 해야 할까?
일단 물에다 씻어야 할 것이다. 그런 다음에는?
수박을 껍질부터 우걱우걱 먹는 사람은 없다.

기합소리와 함께 손으로 수박을 내리쳐서 반으로 쪼개든, 멀리 던져서 쪼개든, 칼을 이용해 반으로 쪼개든 '분할'을 해야 할 것이다. 보통 사람이라면 수박을 껍질째 반으로 가르지도 않고 먹지는 못하기 때문이다. 반으로 쪼개서 먹는 사람도 있겠지만 손이나 입 주변에 수박즙을 묻히지 않고 우아하게 먹고 싶은 사람은 아마 한 입에 들어갈 크기까지 분할할 사람도 있을 것이다. 다시 말해 수박이 덩어리인 것이 문제이니 이것을 분할한 것이다. 덩어리라서 문제인 것이 비단 수박뿐이랴. 참외, 멜론, 파인애플도 모두 분할하지 않고 그냥 먹기에는 힘든 과일들이다.

과일을 분할하는 것은 비단 우리가 먹기 위한 것만으로 끝나지 않는다. 시내에 한번 나가보라. 분할과 관련된 장사들이 보이는가?

분할이 돈을 버는 사업 아이템으로도 쓰이고 있다는 사실을 기억하자!

분할이란 무엇일까? 분할이란 한 물체를 독립적인 여러 부분으로 나누거나 물체를 구획화하는 것을 말한다.

제과점에서도 이러한 분할의 원리를 이용한 제품을 팔고 있는 데, 그 중 하나가 조각케이크이다.

어떤 사람들은 케이크를 하나 사는 것보다 조각케이크를 한 두 조각 사 먹는 것을 선호한다. 왜냐하면 아무리 작은 크기의 케이크라도 조각케이크보다는 큰 것이 사실이며, 조각케이크를 먹게 되면 다양한 맛도 즐길 수 있기 때문이다.

여담이지만 고객이 이렇게 다양한 맛의 조각케이크를 고르면 그 조각케이크를 모아서 하나의 케이크로 만들어주는 서비스를 해주는 케이크 전문점도 있으니, 다양한 맛을 즐기고 싶으신 분들은 그런 제과점을 이용해 보기 바란다.

　이렇게 분할되어 있는 상품들은 혼자 사는 이들에게도 제격이다. 최근 각종 드라마나 언론매체에서 초식남, 건어물녀, 셀프 리추얼족(self-ritual, 스스로 의식을 치르는 사람이라는 의미로써 나는 소중하기에 나 자신에게 스스로 대접하고 품격, 예의, 성실을 다하자는 것) 등 싱글들과 관련된 키워드들이 다양하게 쏟아져 나올 만큼 '나홀로'라는 트렌드는 거대한 물결로 자리잡았다.

　먹기 좋게 분할하여 만든 먹거리가 또 있다. 바로 '얼음'이다. 예전에는 커다랗게 얼린 얼음을 분할하여 사용하였지만 요즘은 분할되어 있는 틀이 있어 이 틀에 얼려서 먹는다.

분할된 얼음들은 컵에 넣어 먹기에도 편리하다.

식품뿐만 아니라 이 '분할'의 원리를 기가 막히게 사용하는 곳이 바로 TV 홈쇼핑이다.

TV 홈쇼핑에서 물건이나 서비스를 소개한 후 가격과 함께 반드시 언급하는 할부결제 역시 '분할'의 원리와 맞닿아 있다. 한꺼번에 많은 돈을 내는 것이 문제가 되니 이것을 분할해서 내게 하는 것이다. 가정 살림을 알뜰하게 꾸려나가는 주부들의 경우 정가 그대로를 보게 되면 위축이 되고 '저 많은 돈을 주고 어떻게 사나'라는 생각을 할 수 있지만 한 달에 적은 금액을 여러 달에 분할하여 내는 것은 왠지 어렵지 않아 보인다는 생각을 하게 된다.

그렇다면 공간을 '분할'하여 사용하는 것에는 어떤 것들이 있을까?

먼저 선을 그어서 만든 주차장을 떠올려 보자.

공간을 커다랗게 놓아두고 주차장으로 사용하라고 한다면 사람들이 제 멋대로 간격을 정해 주차할 가능성이 높다. 그렇게 되면 뒤에 들어오는 차들이 주차하는데 어려움을 겪게 되고 공간 활용성도 떨어지며 자칫 잘못하면 사고가 날 위험도 있다. 이러한 문제를 '분할'함으로써 해결할 수 있을 것이다.

아주 오래 전에 월식이나 일식 그리고 날씨를 예측하는 것은 신비스러운 것으로 여겨졌다. 또 천문을 잘 아는 자가 천하를 호령할 수 있었다. 그러나 요즘은 일기를 예측하는 것이 신비스러운 것이 아니라 하나의 직업이 되었고, 또 일기란 예측할 수 있는 사실이라는 것을 누구나 아는 시대가 되었다. 때문에 이제는 예측하는 것에서 나아가 좀 더 세분화하여 사람들에게 실질적으로 도움이 되도록 예측해주어야 사람들은 만족한다.

서울지역 날씨를 예측해서 방송해 준다고 하자. 사실 같은 서울에서도 날씨가 다를 수 있다. 동쪽에서는 비가 줄기차게 내리는데, 서쪽에서는 전혀 비가 내리지 않고 맑은 날씨를 보이는 것을 본 적이 있을 것이다.

이럴 때는 내가 사는 동네, 내가 가고자 하는 곳의 날씨상황이 어떤지가 실질적으로 더 도움이 된다. 기상청에서는 이러한 문제를 해결하기 위해 'XX구 OO동에 오늘 비와요' 라는 식의 동네예보 서비스를 실시하고 있다.

동네예보란 전국을 가로, 세로 5km 단위, 4,000여 지점으로 분할하여 3시간 단위로 48시간 이전에 실시하는 예보를 말한다. 사실상 읍, 면, 동 단위 예보가 시행되는 것이다. 분할의 위력을 새삼 느낄 수 있다.

마지막으로 시간을 분할한 사례를 살펴보도록 하자.

신용카드 회사는 좋은 서비스로 고객들을 끌어당기고 있다. 그러나 놀이공원 할인을 원하는 고객, 영화관람을 많이 즐겨 영화할인 혜택을 원하는 고객, 커피전문점을 자주 이용하기 때문에 이와 관련된 할인 혜택을 원하는 고객, 자기계발에 관심이 많아 책을 많이 읽기 때문에 온·오프라인 서점 할인 혜택을 원하는 고객 등 갈수록 소비자들은 까다로워져 원하는 혜택들도 각기 다르고 또 다양하다. 카드회사 입장에서 이 모든 요구와 필요를 만족시키기는 어렵다.

이 경우 어떻게 하는 것이 좋을까?

이것을 알기 쉽게 정리해보자.

고객이 원하는 다양한 서비스를 제공해야 한다.

이럴 경우 **유익한 기능**은 무엇일까?
→ 소비자의 다양한 요구를 충족시킬 수 있다.

그렇다면 이 때 발생하는 **유해한 기능**은 무엇일까?
→ 비용이 증가한다.

여기서 분할의 원리가 유용하게 쓰일 수 있다.

비씨카드에서 출시한 레인보우 카드의 경우에는 요일별로 다른 서비스를 제공한다. 즉, 각 요일 별로 가족, 교육, 일상생활 등의 테마를 정해 할인 서비스를 제공받을 수 있도록 했다. 할인해 줄 수 있는 한정된 금액으로 시간을 분할해 다양한 소비자들의 입맛을 만족시킨 사례라고 볼 수 있다.

분할은 이렇듯 큰 덩어리 때문에 생기는 문제를 해결하는데 유용한 해결원리이다. 여러분의 손에 가상의 가위나 칼 또는 톱 등 자를 수 있는 도구가 들려 있다고 생각해 보라. 무엇이든 좋다. 그것이 고객에게 제공해야 할 서비스든 물건이든 여러분이 안고 있는 문제가 덩어리라서 문제라면 이 가상의 도구로 잘라보라. 새로운 해결책이 발견될지 모른다.

혹시 여기까지 읽었는데도 이해가 가지 않는다면 입 안의 '치아'를 떠올려보라. 덩어리가 큰 음식이 식도를 통과하기 쉽지 않기 때문에 우리의 이가 음식물을 잘게 '분할'시켜 준다.

이렇듯 분할은 다양하게 우리 생활 밀접한 곳에 숨어 있고 우리가 늘 하는 행동 안에 배어 있는 재미있는 원리이다.

 관련 검색어

분할, 조각과일, 조각케이크, 싱글족 상품, 소용량, 1인분 포장, 얼음조각, 할부결제, 동네예보, 레인보우 카드, 가위, 칼, 톱, 자르다

1. 분할을 이용해 돈을 벌 수 있는 방법을 찾아보자.

2. 본인이 가지고 있는 문제(제공해야 하는 서비스, 제출해야 하는 과제, 활용해야 하는 공간, 활용해야 하는 시간 등)가 덩어리라서 문제가 된다면 가능한 잘게 쪼개 보자.

3. 인터넷에서 '분할'을 검색해 더 많은 사례를 찾아보자.

중요한 것만 남겨두거나 필요 없는 것을 제거하자

만약 여러분이 남성이라면 가야 할 화장실 칸은 어느 쪽일까? 왼쪽? 오른쪽? 아니면 둘 다 가능한가?

복잡하게 생각할 필요는 없다. 창의성 테스트도 아니고 기발한 답을 원하는 질문도 아니니까. 일단 보편 타당한 답은 왼쪽이다. 어떻게 알 수 있었을까?

'픽토그램' 때문이다. 픽토그램 덕분에 우리는 큰 고민 없이도 몇 초만에 우리가 가야 할 곳을 인지할 수 있다. 픽토그램이란 사물·행위·개념 등을 상징화된 그림문자(pictograph)로 나타내 불특정 다수의 사람들이 빠르고 쉽게 공감할 수 있도록 만든 상징문자를 말한다. 즉, 표현하고자 하는 것의 가장 중요한 특성만을 남겨놓고 불필요한 것을 제거한 상징문 자인 것이다.

만약 화장실 픽토그램이 애매모호하고 복잡하게 그려져 있다고 상상해 보라. 남자를 나타내는지 여자를 나타내는지 굉장히 헷갈릴 수 있고, 그로 인해 소동이 일어날지 모른다.

이렇게 '추출'이란 물체에서 필요한 부분이나 특성만을 추출하거나 혹은 물체에서 방해가 되는 부분이나 특성을 제거하는 것을 말한다.

최근 많은 수입을 올리고 있는 소녀스타를 뽑으라면 단연 피겨의 여왕 김연아 선수일 것이다. 10개 이상의 기업으로부터 광고제의를 받았다. 옷차림, 행보, 언행 모든 것이 광고가 되고 관심을 받는 김연아 선수가 쓴다는 블로그가 있다. '트위터(twitter)'이다.

트위터란 140자 이내의 짧은 메시지를 유선과 무선으로 간편하게 올릴 수 있도록 해주는 마이크로 블로그 서비스이다.

140자!!!

여기에 무엇을 담을 수 있을까? 과연 이런 것이 비즈니스 모델로 가능할까? 처음에는 필자도 그렇게 생각했었으나 그렇지 않은 것 같다. 트위터에 열광하는 전세계 2,000만 명 사용자가 이를 입증해 주고 있으니 말이다.

블로그를 운영해 본적이 있는 블로거라면 아마 이런 고민 한 두 번쯤은 해봤을 것이다.

"도대체 무슨 글을 올려야 하지?"

"글을 나름대로 많이 써서 올린 것 같았는데 막상 올리니 왜 이렇게 양이 적어 보이지?"

"아, 진짜 한 달쯤 글 올리고 나니까 올릴 것이 없다."

"적게 쓰자니 뭔가 블로그 하는 것 같지 않고 그렇다고 많이 쓸 능력은 안되고 부담되네."

'콘텐츠의 부재', 블로거라면 한 번쯤 고민해 봤을 대목이다.

이것을 알기 쉽게 정리해보자.

내 글을 블로그에 올리고 싶다.

　　이럴 경우 **유익한 기능**은 무엇일까?
　　→ 나의 의견을 다수의 사람에게 전달할 수 있다.

　　그렇다면 이때 발생하는 **유해한 기능**은 무엇일까?
　　→ 글을 많이 써야 하는 부담감이 증가한다.

이 문제를 어느 정도 해결해 주는 것이 바로 트위터이다.

트위터의 매력은 속도와 단순함에 있다. 기존 블로그에 익숙해져 있는 사람의 경우에는 트위터를 처음 시작할 때 약간 당황스러울 것이다. 글의 서두를 시작하기도 전에 글 쓰는 공간이 끝나버리기 때문이다. 140자라는 글자 수 제한 때문에 깊이 있고 길게 글을 쓸 수가 없다.

그러나 기존 블로그를 운영할 때처럼 머리 싸매고 콘텐츠에 대해 고심할 필요가 없고, 또한 140자 안에 링크를 걸면 전할 수 있는 메시지의 양은 사진, 동영상, 음악 등등 무한대로 늘어난다.

트위터는 인맥 중심이 아니라 이슈 또는 관심사 중심으로 관계가 형성되기 때문에 IT, 경제, 경영, 정치 등 다루어지는 분야도 매우 다양하다. 만약 어느 여행지를 알게 되어 가족 또는 친구들과 가려고 한다면 우리는 보통 지식검색 등을 활용하여 다녀 온 사람들의 글을 검색하거나 직접 글을 올려 확인할 것이다. 지식검색은 상세하게 답변을 받을수 있다는 장점이 있으나 글을 등록하는 데에도 시간이 걸리고 또 답변을 받는 데에도 시간이 걸릴 수 있다는 안타까운 점이 있다. 그러나 트위터는 바로 그 여행지에 있는 사람이나 방금 돌아온 사람들이 실시간으로 올린 사진이나 글을 찾아줄 수 있다는 장점이 있다. 그만큼 빛의 속도로 정보들이 움직이고 생성된다.

한국에도 트위터와 비슷한 포맷의 '미투데이(me2day)'라는 서비스가 있다. 미투데이 역시 150자 이내의 글을 쓸 수 있게 한 블로그 서비스이다.

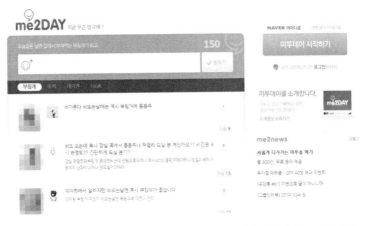

(이미지 출처 : 미투데이)

이러한 미니 블로그 서비스는 짧게 기술하는 특성 때문에 글을 길게 쓰는 일반 블로그보다 모바일 서비스에 유용한 장점이 있다. 핵심적인 메시지, 즉 필요한 것만을 추출하고 나머지는 제거시킨 140~150자라는 제한이 빛의 속도를 만들어냈고 새로운 비즈니스 모델을 만들어 냈다.

인터넷과 모바일 환경이 급속도로 바뀌어 가면서 이렇게 핵심을 추출해야 하는 행동이 갈수록 중요해지고 있다. 정보의 홍수 속에서 더 이상 사람들은 모든 정보들을 오래 들여다볼 수가 없게 되었기 때문이다. 인내심이 없는 우리는 각종 매체들을 향해 이렇게 말한다.

결론이 뭐야!! 결론이!! 결론만 간단히 말해!

그래서 엘리베이터 테스트로 직원들을 훈련시키는 회사도 있다. '맥킨지는 일하는 방식이 다르다'라는 책에서는 엘리베이터 테스트를 이렇게 소개하고 있다.

중요한 프로젝트의 최종 보고를 할 시간이 되었다고 상상하라. 당신과 당신의 팀은 그 동안 새벽 2시까지 일을 하면서 보고서를 만들었고, 단 하나의 오자도 없도록 정성을 기울였다. 이제 당신은 제일 좋은 옷을 입고 만반의 준비가 된 것처럼 보이려 한다. 그리고 고객인 〈포춘〉 50대 기업의 중역들이 맥킨지의 보고를 듣기 위해 회사 건물의 맨 위층에 자리잡은 원탁 탁자에 둘러앉는다. 그런데 바로 그때 대표이사가 회의실로 들어오면서 이렇게 말한다.

"여러분, 미안합니다. 나는 이 자리에 참석할 수가 없습니다. 갑자기 중요한 문제가 생겨서 변호사들을 만나러 가야 합니다."

그러다가 당신을 향해 돌아서며 이렇게 말을 한다.

"당신이 나와 함께 엘리베이터를 타고 밑으로 내려가면서 연구한 것들을 말해줄 수 있겠소?"

엘리베이터를 타는 시간은 30초 정도에 불과하다. 그 시간에 당신은 고객 회사의 대표이사에게 해결책을 설명할 수 있는가? 당신은 그 사람에게 해결책을 팔 수 있는가? 이것이 바로 엘리베이터 테스트이다.

추출은 위에서처럼 여러분의 프레젠테이션 역량을 보여주는 데에도 영향을 줄 수 있는 중요한 원리인 것이다.

이번엔 캐논전자의 회의장으로 한번 들어가보자. 회의를 할 때마다 '이걸 왜 하나'라는 회의가 든다면 캐논전자의 입식회의를 시도해 보는 것도 좋은 방법일 것이다.

점심 먹고 한창 졸린 시간에 회의까지 하려면 잠은 쏟아지고…, 의견은 들어도 거기서 거기인 것 같고…, 치열하게 의견은 오고 가지만 이야기가 길어져서 지루하다.

길어지고 결론은 쉽사리 안 나는 회의. 생산성이 매우 떨어질 수밖에 없다.

캐논전자는 '의자'를 문제로 보았다. 의자의 편안함 때문에 사람들이 계속 말을 하게 되고 결론을 쉽사리 내리지 못한다고 보았던 것이다. 그래서 의자를 제거한 채 회의를 하는 시스템으로 바꾸었다. 그 결과 오래 이야기 하다 보면 다리가 아프기 때문에 핵심만 말하게 되어 효율적으로 회의를 진행할 수 있었다.

쓸데없는 것을 제거하는 것은 추출의 중요한 방법론 중 하나이다. 존 나이스비트는 본인의 저서 '마인드 세트'에서 이렇게 이야기했다.

"나는 끊임없이 책들을 수집했다. 책들은 벽을 타고 천장까지 기어 올라갔고, 빈 공간을 모두 채우고도 모자라 옆으로 늘어만 갔다. 하지만 그렇다고 내 지식이 늘어난 것은 아니었다. 그래서 나는 규칙을 정했다. 내 서재에는 언제나 4,000권의 책이 보관되어 있다. 내가 소장하고 있던 책 가운데 자리만 차지할 뿐, 더 이상 들여다보지 않는 책들을 모두 정리하고 남은 숫자다. 그 후로 나는 한 권을 없애지 않는 한 새 책을 들이지 않기로 결심했다. 이렇게 책의 양을 통제하게 되자 서재의 질과 수준 또한 향상되기 시작했다."

필자 역시 직업 자체가 다독을 요구하기 때문에 넘쳐나는 책들로 인해 항상 고민하곤 했다. 그러다가 존 나이스비트의 저서에서 이 내용을 읽고 이 법칙을 적용하여 서재를 정리하기 시작했다. 필자의 방 역시 질적으로 향상되어 가고 있다.

필자가 추출하는 것은 서재의 책 정도에 한정되지만 기업체에서는 이 원리가 폭넓고 유용하게 사용될 수 있다. 미술평론가 이주헌 씨는 자신의 저서 "리더를 위한 미술 창의력 발전소"에서 추출을 잘 사용한 노키아의 사례를 소개했다.

비즈니스 분야에서 덜어냄을 창조의 추진력으로 삼은 대표적인 기업의 하나가 노키아다. 노키아는 크게 덜어냄으로써 크게 성공했다. 140여 년의 전통을 자랑하는 노키아는 불과 20년 전만 해도 글로벌 기업의 이미지를 갖고 있지 않았다.

화장지와 고무제품, 케이블, 통신장비, 목재 등을 두루 파는 종합회사였는데, 케이블 사업 부문을 제외하면 세계 굴지의 위상과는 거리가 멀었다. 더욱이 핀란드의 경기가 어려워진 1980년대 말에는 존립의 위기마저 겪었다.

1992년 새로 취임한 CEO 요르마 올릴라는 숙고 끝에 여러 사업 분야를 과감하게 정리하기로 마음 먹었다. 휴대폰을 중심으로 한 통신 분야 외에는 대부분의 업종을 청산했다. 그는 "통신과 함께 살기 아니면 죽기"라고 선언했다. 파격적인 미술의 시각에서 이야기하면 초현실적인 제거와 집중의 노력을 펼친 결과, 1992년 말 5억 유로와 30억 유로에 불과했던 시가총액과 순매출을 2005년 말 700억 유로, 342억 유로로 끌어올렸다.

노키아의 비약적인 성장은 핀란드 전체의 행운으로 이어졌다. 노키아의 생산과 수출이 핀란드 수출 총생산의 4퍼센트, 수출의 21퍼센트를 차지하게 됐을 뿐 아니라 핀란드의 국가 경쟁력을 세계 1위에 올려놓은 데 크게 기여했다.

'VIP'는 중요인물이나 귀빈이라는 뜻의 단어다. VIP란 말이 워낙 흔하고 많이 쓰여, VIP 마케팅이란 것도 이제는 식상할 지경이다. 그래서 정작 VIP인 사람들은 VIP란 말에 만족하지 못한다. 소득 수준 상위 0.01%에 해당하는 이런 사람들을 추출하여 지칭하는 새 단어가 있다. VVIP(Very Very Important Person)란 단어다. 각 업종별로 VVIP 서비스가 특화되고 있다.

국내 카드사들은 한 달에 보통 1,000만 원 이상 카드 결제하는 사람들을 VVIP로 정의하고 있다.

현대카드 'the Black'은 상위 0.019%를 위한 카드로, 현대카드 대표이사, 리스크본부장, 마케팅총괄본부장, 크레딧관리실장 등 8명으로 구성된 '더 블랙 커미티(the Black committee)'에서 만장일치로 최종 승인 절차를 거쳐야만 카드 발급이 가능하단다. 연회비 2백만 원이라는 격에 맞게 제공되는 서비스도 화려하다. 유명 명품 브랜드 제품 교환권 및 이용권과 특급 호텔 객실 및 Food 할인권, 유명 레스토랑, 뷰티숍 이용권이 제공되고 항공 퍼스트 클래스 잔여석 무료 업그레이드도 가능하다. 개인 비서 역할을 대행하는 '컨시어지(concierge) 서비스'도 제공받을 수 있다.

신한카드 역시 연회비가 100만 원인 '신한 프리미어 카드'를 출시했다. 명품관, 면세점, 특급호텔, 항공 등 VVIP고객에게 어울릴만한 최고의 서비스를 제공한다.

카드 업계뿐만 아니라 휴대폰 업계도 VVIP를 겨냥한 제품이 한창이다.

LG전자의 프라다폰은 국내 첫 VVIP폰으로 휴대폰과 연결하여 사용할 수 있는 시계와 함께 구입할 수 있으며 가격은 180여 만 원이다. 출시 기념 사전행사로 VIP 고객 1,000명을 선정해 6성급 호텔 스위트룸에 초청하기도 했다. 그만큼 VVIP마케팅에 신경을 쓰고 있다는 것이다.

일본의 여성 전용 헬스클럽인 '카브스'의 경우, 피트니스 클럽 안에 샤워장도, 수영장도, 운동 중 자신의 모습을 비춰보는 거울도 없다. 오직 한 공간에 10종류의 운동기구가 있을 뿐이다. 월 회비 5,000~6,000엔 대로 일반 피트니스클럽에 비해 파격적인 가격으로 고객들을 끌어 모으고 있다.

회원의 70% 정도가 입소문으로 가입한 40~60대 주부들로 편하게 들러 30분간 몸을 풀고 간다. 작은 공간에 운동기구만 몇 대 들여놓으면 되므로 부담이 없어 주부들의 행동반경을 중심으로 신규 체인점도 속속 늘어나고 있다.

불황의 시기에는 불필요한 기능이나 서비스를 걷어내고 꼭 필요한 본질적인 가치만 제공하는 추출의 원리가 더욱 필요하다. 그리고 기억하기 쉽도록 앞 글자만을 추출해 만든 '줄임 말'도 추출의 원리와 관련이 있다. 예를 들면 미인대칭(미소 짓기, 인사하기, 대화하기, 칭찬하기), 이방유해(이러한 방법만이 유일한 해결책인가) 등이 있다.

다음 아파트 사진을 보면 에어컨 실외기가 붙어있는 집들이 많다. 분리형 에어컨의 경우, 냉방 기능은 실내에 남겨두고 소음이 나는 실외기를 밖으로 빼낸 것이다.

이외에도 추출은 15초 안에 핵심 메시지만을 추출하여 고객들의 마음을 사로잡아야 하는 광고카피, 영화의 핵심 컷만을 추출하여 관객들을 모아야 하는 영화 예고편, 저녁 스포츠 뉴스에서 오늘 경기의 핵심 장면만을 추출하여 보여주는 스포츠 하이라이트, 아침에 배달원을 통해 야채의 핵심 영양만을 추출하여 받는 녹즙, 노인 분들이 드시는 인삼 엑기스까지 우리 주변에 다양하게 공존하고 있다.

　여러분의 주변을 살펴보라! 더 많은 추출의 원리가 있다는 것을 알게 되면 더욱 재미있을 것이다.

 관련 검색어

추출, 픽토그램, 제거, 트위터, 미투데이, 핵심, 특성, 결론, 엘리베이터 테스트, 입식회의, 심플, VVIP, the Black카드, 신한 프리미어 카드, 카브스 피트니스, 줄임말, 에어컨 실외기, 광고카피, 영화 예고편, 스포츠 하이라이트, 녹즙, 인삼 엑기스

1. 주변 사람 중에서 칭찬하고 싶은 사람을 찾아보고 칭찬거리를 나열
   해 보자. 그리고 그 중에서도 특히 칭찬하고 싶은 부분을 추출하여
   칭찬해보자.

2. 추출의 원리를 이용하여 '미인대칭'과 같은 줄임 말을 만들어보자.

3. 인터넷에서 '픽토그램'을 검색하여 다양한 픽토그램을 감상해보자.

3. 국소적 성질
전체 중 부분만 바꾸자

예전에는 음식점에서 부산스레 구는 아이들을 많이 보았다. 음식점 곳곳을 뛰어다니며 노니 아이를 데려온 부모는 좌불안석이고, 다른 고객들은 정신이 없고 성가시고, 음식이 수시로 드나드는 곳이니 위험하기도 하고…. 그런데 요즘 음식점에서는 이런 아이들이 많이 줄어들었다.

어떻게 된 것일까? 음식점을 둘러보면 그 이유를 알 수 있다. 바로 음식점 안에 자그마한 '놀이방'이 생긴 것이다.

이렇게 전체적인 음식점 안에 한 부분을 놀이방이라는 곳으로 바꾼 것은 3번 **국소적 성질**을 문제에 접목해 해결한 사례다. 3번 국소적 성질은 전체를 모두 같게 하지 않고 어느 부분을 다르게 하는 것을 말한다.

이러한 국소적 성질은 백화점에서도 몇 가지 사례를 찾아볼 수 있다.

H 백화점에서 있었던 일이다. 대개 백화점 정문은 넓고 한적한 공간으로 사람들이 많지 않다. 대부분의 고객이 정문보다는 승용차나 전철을 이용하여 엘리베이터나 지하통로로 백화점을 드나들기 때문이다. 세일 행

사를 하면 건물 안은 북적거려 발 디딜 틈도 없이 사람들이 많은데 정문 앞은 한산하여 마치 백화점에 고객이 없는 것처럼 보일 수 있다. 뭔가 백화점 입장에서는 억울할 수도 있는 문제다. 이런 문제의식으로부터 백화점 정문 앞을 고객들이 붐비는 공간으로 만들기 위한 여러 아이디어가 나왔다.

정문 앞에서 여러 가지 이벤트를 하기 시작한 것이다. 노천 카페를 만들어 커피나 음료 나누어 주기, 초상화 그려주기, 전자 바이올린 연주회 열기 등등 정문 앞을 활성화하여 고객들로부터 높은 호응을 받았다. 백화점 건물 전체 중에서 정문 앞이라는 국소적인 부분에 변화를 준 것도 국소적 성질의 사례라 할 수 있다.

백화점 이야기가 나온 김에 한 가지 사례를 더 소개하고자 한다. 일반적으로 백화점에 있는 매장들을 일부 나열해 보면 식료품, 화장품, 의류, 가전, 가구 매장 등 여성을 주 고객으로 하는 경우가 많다. 물론 스포츠 용품이나 남성 의류매장도 있긴 하지만 백화점 매장 전체로 보았을 때 여성과 관련된 부분이 많다. 그렇기 때문에 백화점에서는 여성들이 불편함을 느끼는 요소들에 대해 민감하게 반응을 하고 불편함을 없애려고 많은 노력을 기울이고 있다. 다음은 그 노력 중 한 가지이다.

백화점 측은 여성고객들을 고려하다 보니 주차문제를 생각하게 되었고 여성들이 좀 더 편안하게 주차할 수 있도록 여성전용 주차장을 마련하였다.

백화점의 전체적인 주차장 안에 국소적인 부분을 여성전용 주차장으로 바꾼 사례라고 볼 수 있다.

다음으로 노약자나 임산부를 위한 사례도 있다. 지하철 전체 칸 안에 노약자나 임산부들을 위한 공간, '노약자석'이 국소적으로 마련되어 있는 것을 보았을 것이다.

위의 사례들이 특정한 대상을 위한 공간을 국소적으로 마련한 것이었다면 국소적 공간에 테마를 부여해 차별화를 시킨 것도 있다.

　새마을열차나 무궁화열차에 있는 열차카페가 그것이다. 보통 열차 중간 차 칸에 위치하며 이곳에서 승객들은 음식을 사먹고, 노래방을 이용할 수도, 컴퓨터 게임을 즐길 수도 있다.

　국소적 성질은 백화점이나 지하철, 열차뿐만 아니라 스포츠 공간에서도 활용된다.

　2005년, 어려운 시기에 SK텔레콤 스포츠단장 겸 SK와이번스 야구단 사장으로 취임한 신영철 사장은 '경기에서 이겨야 관중이 모이고 벌이가 된다'는 고정관념을 깨기 위해 스포테인먼트(스포츠와 엔터테인먼트의 줄임말로 야구는 선수와 감독이 하고 프런트는 야구 외적인 부분에서 관중을 모은다는 것)를 시도했다.

　관중을 감동시키기 위한 아이디어를 짜내고 또 짜내는 과정에서 이벤트, 편의시설 등 팬을 위한 엔터테인먼트 요소들을 강화한 것이다. 그와 관련된 여러 아이디어가 실행되었는데 그 중에서 국소적 성질과 관련된 부분을 살펴보자.

편의시설과 관련된 국소적 성질의 사례는 바로 '바비큐존'이다. SK야구단은 팬들이 야구 경기를 관람하는 것뿐만 아니라 소풍을 온다는 느낌을 가질 수 있도록 하기 위해 인천 문학구장 우측 외야에 '바비큐존'을 설치했다. 팬들은 이 곳에서 가족, 친구들과 함께 삼겹살이나 소시지를 구워먹을 수도 있다.

저가의 비인기 좌석을 이용하여 경기장 활용도도 높이면서 프리미엄 좌석으로 만든 것이다. 관중이 적은 평일에도 '바비큐존'만큼은 만원일 정도로 인기가 매우 높다고 한다. 야구장 전체 안에 이렇게 특별한 지역을 설치한 것은 국소적 성질의 예로 볼 수 있다.

지금까지 건물공간 안의 국소적인 부분을 다양하게 바꿔보았다면 이제 머리스타일을 바꾸어 보자.

필자가 오래 전 미용실에 갔을 때 미용사가 머리 염색을 권한 적이 있었다. 염색을 해본 적이 없어 머리 색을 모두 바꾸는 것이 너무 부담스럽다고 했더니 미용사는 웃으며 다른 해결책을 이야기 해주었다.

무엇이었을까? 이것을 알기 쉽게 정리해보자.

머리에 염색을 하고 싶다.

이럴 경우 **유익한 기능**은 무엇일까?
→ 개성을 발휘할 수 있고 색다른 기분을 느낄 수 있다.

그렇다면 이때 발생하는 **유해한 기능**은 무엇일까?
→ 어울리지 않을 것이 고민된다.

미용사가 나에게 제시한 것은 국소적 성질을 이용한 해결책이었다. 블리치(일명 브릿지)를 하라는 것이었다. 블리치란 전체적인 머리에 부분적으로 색을 바꾸어 포인트를 주는 것을 말한다. 요즘에도 블리치를 하는지 잘 모르겠지만 그 시절에는 유행이었기에 부담을 한결 덜고 전체염색 대신 블리치를 했다. 덕분에 색다른 경험을 할 수 있었다.

그럼 조명을 절약하는 방법을 국소적 성질로 알아보자.

최근에는 녹색성장과 에너지 절약이 중요한 이슈가 되고 있는데, 조명

의 경우도 비용 절감을 위해 국부조명을 활용할 수 있다. '국부조명/전체
조명 전략'이 그것이다. 사무실 전체에는 비교적 약한 조명(전체조명)을
비추고, 개인별 작업공간에는 보다 강한 조명(국부조명)을 비추는 방법
이다. 이렇게 하면 에너지 사용량을 줄일 수 있을 뿐 아니라, 눈의 피로도
감소시킬 수 있다.

길거리를 걷다 보면 버스나 택시에 붙어 있는 광고물들이 눈에 많이
들어온다. 이것은 버스나 택시의 외부 표면이라는 국소적인 부분에 광고
물을 부착한 것으로 국소적 성질을 활용한 또 다른 사례이다.

시간을 국소적으로 이용하면 어떤 것이 가능할까?

(이미지 제공 : 국립국악관현악단)

'정오의 음악회'라는 것이 있다. 우리는 일반적으로 음악회 하면 저녁에 하는 것을 떠올리게 되는데, 해오름 극장에서 운영하고 있는 '정오의 음악회'는 좀 다르다. 이 음악회는 오전 11시부터 12시 사이에 열린다.

저녁보다는 낮에 시간을 내기 쉬운 20~50대 주부들에게 혜택을 주고자 한 것이다. 보통 저녁 공연은 오후 7시 30분~8시 사이에 시작되는데 가족들의 저녁을 챙기고 아이를 돌봐야 하는 주부들은 이 시간대에 나가기가 힘들다. 그렇기에 전체 24시간 중 특별히 오전 11시부터 12시 사이를 잡아 주부들을 겨냥해 만든 음악회인 것이다. 편하게 문화 생활을 즐길 수 있어 주부들의 호응이 아주 좋다고 한다.

여러분도 큰 부분을 바꾸는 것이 어렵다면 작고 사소한 공간이나 조건, 시간 등을 바꾸어 보자.

 관련 검색어

국소적, 전체 중 부분, 음식점 놀이방, 여성전용 주차장, 지하철 노약자석, 열차카페, SK와이번즈, 스포테인먼트, 바비큐존, 머리 블릿치, 국부조명, 정오의 음악회

1. 전체적인 공간 안에 서비스를 해야 할 대상을 위한 특별한 공간을 마련할 일은 없는지, 전체적인 서비스 시간 안에 특별히 사용해야 할 시간을 마련할 일은 없는지 생각해보자.

2. 기회가 된다면 '정오의 음악회'에 참석해보자.

3. 인터넷에서 '국소적'을 검색해 더 많은 사례를 찾아보자.

4. 비대칭
짝짝이로 만들자

인 간은 보통 균형이 맞는 것을 선호하며 또 그것이 일반적이라고 생각한다. 사람은 눈, 귀, 팔, 다리가 모두 균형이 맞게 두 개씩 짝지어져 있다. 그리고 기울어져 있는 구조보다는 평형을 이룬 대칭구조를 볼 때, 몸이 대칭을 이뤄 어느 한 쪽으로도 치우치지 않았을 때 편안함을 느낀다. 우리 몸도 균형이 무너졌을 때 건강에 이상이 올 수 있으므로 특히 몸의 균형유지에 신경을 써야 한다.

이렇게 편안하고 익숙하게 느껴지는 대칭구조는 그만큼 우리의 고정관념에 영향을 미칠 수 있다. 균형이 맞아야 한다는 심리적인 관성이 생기는 것이다. 우리는 균형이 당연한 것이고 일반적인 것이라고 생각하기 때문에 균형에서 벗어난 무언가를 보면 신선하기도 하지만 반면 두려움도 느끼게 된다.

4번 **비대칭**의 원리는 이러한 고정관념에서 벗어나 대칭을 비대칭으로 바꾸거나 이미 비대칭인 경우 비대칭의 정도를 더욱 높여 보는 것이다.

이 비대칭으로 디자인상까지 받은 제품이 있다. 한국 타이어의 '옵티모 4S' 타이어다. 이 타이어는 타이어 업계 최초로 독일의 국제 디자인 공모전 iF 제품 디자인 어워드(iF Product Design Award)를 수상했다.

옵티모 4S는 사계절용 타이어로 트레드(Tread, 타이어가 지면에 닿는 면)의 안쪽은 눈이나 비로 인해 도로가 젖은 상태를 대비한 젖은 노면, 바깥쪽은 마른 노면에 최적화된 형상으로 디자인되었으며, 트레드 중앙부는 눈이 쌓인 상태에서도 구동 및 제동 성능을 발휘할 수 있도록 설계되었다. 예측하기 어려운 날씨의 변화에 적합하도록, 여름/겨울 타이어성능의 장점을 한 제품에 담아 성능을 극대화한 것이다. 트레드의 좌우가 다른 패턴은 코너링에서도 우수한 성능을 보이는 특징이 있다. 옵티모 4S의 비대칭 패턴은 전천후 타이어에 가까울 정도이다.

차량의 사용조건을 고려해 디자인, 설계된 형태로 핸들링, 배수성능, 승차감, 제동력, 노이즈 등의 고른 성능을 실현시키기 위해 비대칭적으로 설계되어 근래에는 유럽이나 미주 지역, 국내에서도 비대칭 타이어를 쓰는 경우가 많아지고 있다고 한다.

(이미지 제공 : 한국타이어)

타이어에 비대칭이 적용되는가 하면 오른손잡이나 왼손잡이를 위해 마우스에 비대칭을 적용한 제품도 있다. 자신의 손에 맞게 비대칭으로 만들어진 제품을 사면 되니 더 이상 왼손잡이가 오른손잡이용 마우스를 쓰며 불편하지 않아도 된다.

전자기기에만 비대칭이 사용되는 것은 아니다. 아름답고 개성 있는 패션을 연출하기 위한 여성들의 노력이 '비대칭 패션'을 만들었다. 비대칭 패션에는 비대칭 개념이 디자인에 가미되어 옷의 좌우 길이나 색상, 형태가 비대칭으로 만들어진 경우도 있고, 민소매 위에 루즈한 느낌의 티셔츠를 입고 한쪽 어깨를 살짝 내려주는 것처럼 옷을 비대칭적으로 입음으로써 비대칭의 멋을 내는 경우가 있다.

또 최근에는 헤어스타일도 좌우 옆 머리의 길이가 다른 언밸런스 쇼트 커트(일명 '삐딱한 커트')가 인기를 얻고 있다고 한다. 그 외에도 액세서리나 신발에 이르기까지 비대칭은 다양하게 쓰인다.

대칭의 형태는 안정감은 있지만 단조롭거나 개성이 부족한 반면, 비대칭은 이러한 문제점을 해결해 준다.

삼겹살 집에 가면 사진과 같이 비대칭으로 기울어진 고기구이판을 볼 수가 있다.

왜 이런 고기구이판이 나오게 되었을까?
이것을 알기 쉽게 정리해보자.

대칭형태인 고기구이판을 사용한다.

이럴 경우 **유익한 기능**은 무엇일까?
→ 고기를 구울 수 있다.

그렇다면 이때 발생하는 **유해한 기능**은 무엇일까?
→ 삼겹살을 구울 때 나오는 기름을 계속 걷어주어야 한다.

고기구이판이 평행일 경우에는 기름을 걷어내는 수고가 필요하다. 그러나 이 수고를 비대칭이라는 구조가 해결해 준다. 고기구이판의 기울어진 비대칭 형태가 저절로 기름이 아래로 흐르도록 해주는 것이다.

모든 것이 꼭 균형이 맞아야 하는 법은 없다. 그러나 이 심리적 관성은 의외로 벗어나기가 힘들다. 균형 혹은 대칭이 당연한 것이라 생각하기 때문이다. 이럴 때 고개를 45도 정도 기울여 사물을 바라보자. 한 면이 검은색이라면 다른 한 면은 하얀색으로 색칠해 보자.

풀리지 않았던 문제가 확 풀리는 경험을 비대칭으로 하게 되길 바란다.

 관련 검색어

짝짝이, 비대칭, 불균형, 옵티모 4S, 비대칭 타이어, 비대칭 마우스, 비대칭 패션, 비대칭 옷, 비대칭 머리, 비대칭 귀걸이

1. 비대칭 패션으로 멋을 내보자.

2. 지나가면서 보게 되는 건물들을 비대칭으로 만든다면 어떻게 될지
   상상해보자.

3. 인터넷에서 '비대칭'을 검색해 더 많은 사례를 찾아보자.

5. 결합 / 통합
별개의 것을 합치자

보행자를 위한 신호등이 빨강색으로 바뀌어도 횡단보도에 여전히 길을 건너는 사람들이 있다면 차들은 움직일 수가 없다. 건너지 못한 사람이 한 두 명이면 빵빵거리면서 사람들을 재촉하겠지만 사람들이 무리 지어 있다면 신호가 바뀐 지 한참 지난 후에야 차들이 움직일 수 있다.

이런 광경을 유동인구가 많은 횡단보도에서 자주 보게 된다. 횡단보도를 건너야 한다는 같은 목적을 가진 사람들이 시간적, 공간적으로 결합하여 이와 같은 현상이 만들어진 것이다.

5번 **결합/통합** 원리는 동질적이거나 연속적으로 해야 하는 것, 연관되는 것을 공간적, 시간적으로 통합하는 것을 말한다.

같은 목적을 가지고 통합된 좋은 예는 '바이크 버스'다. 최근에 기름값도 절약하고 환경도 생각하여 자전거를 이용하는 사람들이 늘고 있다. 어떤 회사는 3㎞ 이내 근거리는 자전거 이용을 의무화하는 '자전거 출퇴근제'까지 시행한다니 무척 고무적이다.

그러나 빛이 있는 곳에는 어둠도 있는 법. 자전거 교통사고율이 지난 5년간 45.2% 증가했다고 한다. 더구나 아직 자전거 전용도로가 없는 곳이 많아 자동차 사이를 누비며 자전거가 달려야 한다면 사고 위험에 그대로 노출이 되는 셈이다.

이것을 알기 쉽게 정리해보자.

자전거로 도로 위를 달려야 한다.

이럴 경우 **유익한 기능**은 무엇일까?
→ 유류비 절감 및 건강이 향상된다.

그렇다면 이때 발생하는 **유해한 기능**은 무엇일까?
→ 자동차들의 무시와 사고 위험이 증가한다.

자동차들의 무시와 사고 위험 증가를 막을 수 있는 방법이 무엇일까?
바로 공간적으로 통합하는 '바이크 버스'다. 자전거를 이용하여 같은 방향으로 출퇴근 하는 사람들이 정한 시간 대에 만나서 버스처럼 함께 달리는 것이다. 신호를 맞춰가며 무리를 이루어 달리기 때문에 존재감도 생기고 자동차들이 무시를 할 수가 없게 된다. 그야말로 '뭉치면 산다'다.

여럿이 달리다 잘못되면 대형사고의 위험이 있어 주변의 자동차가 더욱 조심하기 때문에 안전하다. 실제로 자동차의 속도를 줄이는 효과도 있다고 한다. 이뿐만 아니라 혼자 다닐 때보다 재미도 있고, 속력도 붙는 효과가 있다.

공간적으로 동질적인 것들이 통합되어 시너지가 나는 경우는 여러 지역에서 볼 수 있다.

　남대문 시장으로 들어가는 Gate 2 근처에 모여있는 갈치조림 가게 골목에 가면 뚝배기나 양은냄비에 끓인 맛있는 갈치조림을 맛볼 수 있다. 종로 3가에 가면 금은방이 밀집되어 있고, 중부시장에는 건어물 가게들이, 방산시장에는 제과·제빵재료 가게들이 모여있다.

　이렇게 동일한 업종의 가게끼리 몰려 있으면 사람들 머리 속에 '어디어디에 가면 무엇을 살 수 있다'는 인식이 남게 되어 더 많은 손님이 오게되며, 이런 인식을 가진 손님들은 정확한 목적을 가지고 오기 때문에 실구매자일 확률도 높아진다. 또한 밀집되어 있으면 가게 간에 경쟁이 일어나 가격을 낮추는 등 소비자에게 유리한 서비스가 많아지기 때문에 소비자 입장에서도 여러모로 유리하다.

그밖에도 여러 종류의 떡을 모아 구성한 '떡모듬 세트'나

여러 종류의 한국 스타일을 모아 개최한 '한국스타일박람회',

모두 동질적인 목적 아래 시간적, 공간적으로 결합/통합된 것들이다.

동질적이고 연속적인 동작이 결합된 것으로는 애플의 아이팟과 나이키가 결합된 '나이키플러스'를 꼽을 수 있겠다.

운동을 꾸준히 제대로 하려면 무작정 하는 것보다 자기 운동량을 파악하고 동기 부여를 해주는 것이 필요하다. 이런 마음이 있다 한들, 매번 운동을 하기 전 스스로 동기를 부여하고, 운동을 한 뒤 운동량을 파악하여 분석하려면 얼마나 불편하겠는가…. 며칠 하기도 전에 지쳐 버릴 것만 같다.

나이키플러스는 이런 고민을 해결해주는 러닝 보조 상품으로, 달린 거리와 속도, 시간을 측정해주는 센서와 측정한 데이터를 아이팟으로 전송하는 수신기로 구성돼 있다.

사용 방법을 보자.

나이키에서 산 운동화(반드시 센서를 넣을 홈이 있는 것)에 센서를 넣는다. 이 센서가 여러분의 움직임을 감지해 줄 것이다. 그리고 아이팟에 여러분이 달린 거리와 속도, 시간 등의 데이터를 전송해 줄 수신기를 연결한다.

이렇게 준비가 끝난 후 달리면 되는데, 달리는 도중 수집된 여러분의 데이터를 가지고 아이팟으로 음성 피드백을 받을 수 있다. '좀 더 노력하세요', '이것은 당신의 최고 기록입니다' 등의 음성이 흘러나와 끊임없이 동기부여를 해 준다.

아이팟을 컴퓨터에 연결하면 아이튠스를 통해 이제까지 달린 거리와 속도, 시간, 소모된 칼로리까지 주별, 월별로 살펴 볼 수 있다. 또한 다른 사람들과 '400km에 먼저 도달하기', '1km를 가장 빨리 달리기' 등 목표설정을 해두고 경주를 할 수도 있다.

음악감상용 아이팟과 운동용품 나이키의 결합. 이것은 동기부여, 달리기, 기록체크 등 연속적인 동작들을 한 제품으로 해결한 기특한 제품이다. 물론 장만하려면 좀 비싼 것이 흠이긴 하지만 말이다.

5번 원리는 참 재미있는 원리라는 생각을 한다.
카페에 책을 결합하면 북카페가 된다.

책을 읽으면서 커피도 마시고 카페에서 흘러나오는 음악도 감상할 수 있어 좋다.

카페에 보드게임을 결합하면 보드카페가 된다. 텀블링 몽키, 부루마블, 루미큐브, 할리갈리 등의 다양한 보드게임들이 나와 있는데 이를 카페와 결합하여 가족이나 친한 친구들과 재미있는 시간을 보낼 수 있도록 한 카페이다.

조용히 앉아서 수다를 떠는 것도 좋지만 뭔가 즐길 거리가 있다면 더 즐거운 시간을 보낼 수 있으니 더욱 좋다.

카페에 애견을 더하면 애견 카페가 된다. 자신의 강아지를 데려가서 친구들에게도 보여주고 놀아주고도 싶지만 이것은 일반 카페에서는 어림도 없는 일이다. 그러나 이런 애견 카페가 있으니 다른 강아지 친구들과도 사귀게 해 줄 수 있고 주인은 주인대로 즐거운 시간을 보낼 수 있으니 좋다.

이렇게 결합하는 것만으로도 다양한 사업 아이템이 나오니 재미있는 원리이지 않은가? 5번 **결합/통합** 원리는 다양하게 응용될 수 있는 원리이자, 무한한 창의성을 샘솟게 하는 원리이다.

 관련 검색어

결합, 통합, 바이크 버스, 뭉치면 산다, 종로 금은방, 남대문 갈치조림, 모듬, 세트, 전시회, 나이키플러스, 북카페, 보드카페, 애견카페

1. 놀이터와 '무엇'을 결합해 다양한 놀이터를 만들어보자.

2. 남대문 갈치조림 가게 골목이나 용산 전자상가, 가산 디지털 단지 등과 같이 같거나 비슷한 업종이 몰려있는 곳을 방문해보자.

3. 인터넷에서 '뭉치면 산다'를 검색해 더 많은 사례를 찾아보자.

6. 범용성 / 다용도
하나를 다양하게 사용할 수 있게 만들자

오 래 전 인터넷 메신저를 처음 봤을 때의 놀라움은 이루 말할 수가 없었다. 내가 메시지를 보내면 상대방으로부터 곧바로 메시지가 날아오고…. 전화가 필요 없이 컴퓨터에 글을 써서 소통할 수 있다는 것이 얼마나 신기했는지 모른다. 더욱이 대화뿐만 아니라 사진, 동영상까지 주고 받을 수 있다는 것이 얼마나 신기하던지…. 그런데 이 신기함이 가시기도 전에 언제부턴가 '네이트온'이라는 메신저가 등장했다. 학교에 가도, 회사에 가도, 공공장소에 가도 사람들이 네이트온에 접속하고 지인들과 대화하는 장면을 심심치 않게 볼 수가 있다.

SK커뮤니케이션즈는 싸이월드라는 미니홈피 서비스를 제공하고 있는데, 네이트온에는 싸이월드와의 연동기능이 있어 싸이월드 홈페이지에 가서 로그인 하지 않아도 네이트온만 접속하면 곧바로 자신의 싸이 홈페이지로 이동할 수 있다.

싸이월드는 인맥중심 서비스이니만큼 보통 싸이월드 일촌으로 맺어져 있으면 네이트온 목록에 대화상대로 추가시켜 놓는 경우가 많다. 그래서 여러 지인들과 대화도 가능할 뿐더러 자신의 싸이로 빠르게 이동할 수 있는 편리함도 갖추고 있는 것이다.

메모짱이라는 기능으로 컴퓨터 화면에 여러 개의 메모를 적어 둘 수도 있으며, 사전, 증시 정보, 뉴스 등 각종 정보와도 연결되어 있다. 최근에는 게임과도 연결시켜 네이트온에 로그인만 하면 곧바로 게임을 즐길 수 있게 하는 서비스도 제공하고 있다.

6번 **범용성/다용도** 원리는 이렇게 하나로 여러 가지 다른 기능을 수행하게 하는 것을 말한다.

이제 다음 빈칸을 채워보자.

> 팩스, 프린터, 복사기, 스캐너의 기능을 다 할 수 있는 것을
>
> ☐ 라고 한다.

무엇일까?

그렇다. 최근에 가정이나 사무실에서 흔히 볼 수 있는 '복합기'이다. 팩스, 프린터, 복사기, 스캐너를 따로 들여놓으려면 부피가 많이 클 뿐더러 기기들에서 뿜어내는 열기도 만만치 않을 것이다.

이것을 알기 쉽게 정리해보자.

한 가지 기능을 하는 기기를 구입한다.

> 이럴 경우 **유익한 기능**은 무엇일까?
> → 한 가지 기능은 뛰어나다.

> 그렇다면 이때 발생하는 **유해한 기능**은 무엇일까?
> → 필요한 기능을 가진 기기를 각각 사야 한다.

복합기가 처음 나왔을 때는 각각의 기기를 사는 것에 비해 성능이 못 미쳤지만 기술의 발달로 복합기 성능이 많이 좋아졌다. 그렇기 때문에 전

문가용으로 사용할 것이 아니라면 복합기 한 대만으로 다양한 기능을 누릴 수 있어 매우 편리하다.

많은 사람들은 옷장을 열면서 이런 생각을 한다고 한다.
'입을 옷이 없네. 작년 이맘때는 뭘 입고 살았지?'
정말 이상하다. 옷을 전혀 안 사는 것도 아닌데 막상 입으려고 하면 입을만한 옷이 없다. 항상 내일은 무얼 입을지 고민된다. 만약 한 가지 옷이 여러 기능을 할 수 있다면 이런 문제가 다소 해결되지 않을까?

여러 종류의 옷을 사야 하는 유해한 기능을 없애기 위해 다기능 스커트가 나왔다. 탑과 스커트, 두 가지 기능을 하는 스커트다.

요즈음 여성들은 기본 티셔츠에 다른 옷을 겹쳐서 입는 일명 레이어드라고 하는 방식으로 옷을 입기 때문에 티셔츠 위에 이 스커트를 겹쳐서 입을 수가 있다. 이것이 첫 번째 탑의 기능이다. 그리고 티셔츠를 입고 스커트로도 입을 수 있다. 이것이 두 번째 전형적인 스커트 기능이다.
옷 한 벌이 두 가지 다른 기능을 하니 일석이조인 셈이다.

한 물체로 여러 가지 다른 기능을 수행하게 하면 부수적인 물체는 제거하면 된다. 사진과 같이 칫솔 내부에 치약이 들어 있는 경우가 이에 해당된다.
칫솔과 치약을 따로 가지고 다니면 부피도 크고 번거롭다. 이 제품은 손잡이를 '칫솔 손잡이의 기능'과 '치약을 담는 용기로서의 기능'을 수행하도록 만들었다. 그래서 굳이 치약을 따로 가지고 다닐 필요가 없어 휴대하기 좋다.
치약을 손쉽게 충전할 수 있고, 제품에 부착된 게이지를 통해 잔량 확인이 가능하며, 칫솔모도 교체할 수 있어 여러모로 편리한 제품이다.

(이미지 제공 : ㈜아이엠피)

논을 다용도로 이용한다면 어떨까?

논은 그저 벼를 재배하는 곳이라고 생각할지 모르겠지만 논에 그림을 그리는 등 다른 용도로도 이용하면 관광명소가 되기도 하는데, 이를 실현해 낸 곳이 바로 충북 괴산군이다. 괴산군농업기술센터는 2008년 감물면 이담리 논에 '상모놀이' 논그림을 그려 큰 반향을 불러일으켰다. 그리고 2009년에는 감물면 이담리 인근 논에 '사물놀이'를 하는 더욱 거대한 벼 예술작품을 만들어 눈길을 끌었다.

(이미지 제공 : 괴산군농업기술센터)

벼 예술작품은 논에 밑그림을 그린 후 색이 다른 황색벼, 자주색벼, 붉은색벼, 추청벼를 이양하여 벼가 자라면서 아름다운 예술작품으로 나타나게 하는 것이다.

(이미지 제공 : 괴산군농업기술센터)

2009년도에 만든 작품은 축구장 크기의 10배가 넘는 대형이기 때문에 12,000여개의 표시봉과 30여포의 석회가 소요되었고, 참여한 농민만도 200여 명이 넘었으며 밑그림 완성만 꼬박 보름이나 걸렸다고 한다.

유색벼를 활용한 논그림은 농촌의 자연경관을 개발하여 국민의 여가문화와 농업인의 소득증대라는 두 가지 효과를 얻기 위해 2008년에 한 직원이 낸 아이디어를 괴산군이 전국 최초로 추진한 사업이다. 많은 관광객을 유치하고 42개 지방자치단체의 벤치마킹을 이끌어낸 논그림은 관광자원 역할을 톡톡히 해낼 뿐만 아니라 괴산군의 이미지 향상, 농민소득 증대로도 이어지고 있다.

논을 벼 재배로 이용하고 관광자원으로도 활용하는 일석이조의 사례인 셈이다.

우리는 '겸용'이라는 단어에 주목할 필요가 있다. 티 테이블을 겸한 의자, 펜스 겸용 화분 등 주변에서 쉽게 겸용 제품들을 만나볼 수 있다.

길거리를 다니다 보면 솥뚜껑 삼겹살이라고 쓰여 있는 음식점이 눈에 많이 띈다. 솥뚜껑은 원래 가마솥 뚜껑으로 솥 내부의 적절한 압력을 유지시켜 밥맛이나 음식의 맛을 높여 준다. 이 솥뚜껑에다 삼겹살을 구우면 기름기가 잘 빠져 좀 더 맛있는 삼겹살을 먹을 수 있다.

그런가하면 어떤 지역에서는 솥뚜껑 위에 부침개를 부치는데 이때는 프라이팬의 기능을 수행한다. 따라서 솥뚜껑으로서의 원래의 기능 외에 고기구이판 기능과 프라이팬의 기능을 수행하는 범용성/다용도의 사례로 볼 수 있을 것이다.

요즘 빌딩 가운데는 건물로서의 원래의 기능을 수행하면서 밤이 되면 LED 조명을 이용해 멋진 갤러리가 되는 곳이 있다. 대표적인 예는 금호아시아나가 새 사옥에 선보인 미디어 파사드(차세대 디스플레이인 LED를 활용해 건물 외벽을 대형 스크린처럼 꾸미는 것) 'LED 갤러리'다.
기업 이미지를 높이고 건물 가치도 높이는 데 크게 도움이 되기 때문에 이러한 도시 빌딩의 새로운 움직임은 더욱 확산되어 갈 것으로 기대된다. 도심의 빌딩들이 다양한 갤러리 기능을 수행한다면 야경이 더 아름다워질 것이다.

예전에 크게 히트했던 <맥가이버>라는 외국 드라마가 있었다. 맥가이버 앞에는 해결해야 할 여러 문제 상황들이 나타나는데, 그럴 때마다 맥가이버는 주어진 자원을 가지고 끊임없이 다른 용도를 찾아가면서 문제 상황에서 탈출하곤 했었다.

그 중에서 유난히 기억에 남는 장면이 있다. 맥가이버가 지도를 이용해 탈출하는 장면이다. 지도를 둘둘 말아 새총처럼 돌을 날리는 데 사용하기도 하고, 모래사막에서는 지도를 바닥에 깔아 썰매처럼 타고 이동하기도 하고, 열기구가 총에 맞아 구멍이 났을 때는 구멍을 메우는 용도로 사용하기도 한다. 이렇게 지도를 다용도로 이용하여 맥가이버는 결국 탈출에 성공하게 된다. 정말 맥가이버야말로 범용성/다용도에 관한 한 달인이었다는 생각을 하게 된다.

범용성/다용도를 확대해 보면 다역할도 이러한 범주에 포함된다. 우리는 살아가면서 누구나 다역할을 수행하고 있다고 보아야 할 것이다. 부모로서의 역할, 직장인으로서의 역할, 친구로서의 역할 등 다양한 역할을 맡고 있다. 역할마다 균형을 이루고 살아가면 행복의 질이 높아지지만 역할 간의 균형이 깨지게 되면 그만큼 스트레스가 커질 수밖에 없다.

다목적으로 이용되는 것에는 홍수조절과 발전을 동시에 하는 다목적 댐과 미식축구, 축구, 럭비 등을 할 수 있는 다목적 운동장이 있다.

그런가하면 범용성/다용도는 운명까지도 바꾸는 힘이 있는 것 같다. 미국의 인디밴드 'OK GO'는 범용성/다용도의 힘을 활용한 뮤직비디오로 일약 스타로 떠올랐다. 그들의 뮤직비디오 'Here it goes again'에는 러닝머신과 멤버 4명이 출연한다.

운동기구인 러닝머신 위에서 달리기를 하는 대신 춤을 춤으로써 그들은 러닝머신을 또 다른 용도로 활용했다.

기발한 이 뮤직 비디오를 인터넷에서 꼭 한 번 찾아보기 바란다.

관련 검색어

범용성, 다용도, 네이트온, 복합기, 탑&스커트, 치약이 들어있는 칫솔,
괴산군 논그림, 겸용, 티테이블의자, 펜스 겸용 화분, 솥뚜껑 삼겹살,
LED 빌딩, 맥가이버, 다기능, 다역할, 다목적, 다목적 댐, 다목적 운동
장, OK GO Here it goes again

1. 여러분이 평소 사용하고 있는 물체 중에서 하나를 골라 현재 수행하고 있는 기능 외에 더 추가할 기능이 없는지 적어보자.

2. 아이들이 가지고 있는 문방구 가운데 하나를 골라 아이와 함께 다용도 실습을 하여보자.

3. 인터넷에서 밴드 OK GO의 뮤직비디오 'Here it goes again'을 검색해보고 감상해보자.

7. 포개기
이미 확보된 공간에 포개자

우리는 대형 상점에 가서 물건을 많이 살 때 카트나 바구니를 사용한다. 만약 부피가 큰 카트를 보관할 때 하나씩 따로 두어야 한다면 어떻게 될까?

이것을 알기 쉽게 정리해보자.

카트를 각각 두어야 한다.

이럴 경우 유익한 기능은 무엇일까?
→ 사람들이 가져가기가 쉽다.

그렇다면 이때 발생하는 유해한 기능은 무엇일까?
→ 카트가 공간을 너무 많이 차지한다.

공간을 효율적으로 사용하기 위해 사진과 같이 카트를 포갠다면 이 문제는 해결된다.

　이렇게 한 물체 안에 다른 물체를 넣고 그 물체를 또 다른 물체 속에 넣는 것. 이것이 7번 원리 **포개기**이다. 우리 주변에서 쉽게 찾아볼 수 있는 원리이지만 막상 잘 모르고 있는 원리이기도 하다.

　우리 컴퓨터 안에서도 이 원리를 살펴볼 수 있다.

　바로 윈도우다. 윈도우 탐색기를 열어보자. 폴더를 클릭하면 그 폴더 안에 폴더가 있고 또 그 안에 폴더가 있어 효율적으로 데이터를 저장할 수 있도록 되어 있다.

발걸음을 옮겨 부엌으로 가보자. 계량컵, 종이컵을 우리는 어떻게 보관
하는가?

포개서 보관한다. 상점의 카트, 윈도우의 폴더와 마찬가지로 포개기는
공간을 효율적으로 사용하는 데 기여한다.

접시를 보관할 때도 마찬가지이다.

이번에는 비즈니스 프레젠테이션 현장으로 가 보자. 지금이야 파워포인트와 레이저 포인터를 주로 사용하지만 예전에는 전지에 지시봉으로 중요한 부분을 가리키며 프레젠테이션을 했다. 현재의 레이저 포인트는 잊어버리고 과거의 지시봉을 생각해 보자. 이 지시봉을 '길게 늘린 채'로 가지고 다녔을까? 그렇지 않다. 우리는 지시봉을 포개 접어 가지고 다녔다. 왜일까? 부피를 최대한 줄여야 가지고 다니기 편하기 때문이다.

이처럼 포개기 원리는 공간 효율성, 이동 시 편리함을 위해 사용될 수 있다.

마지막으로 알트슐러가 포개기 원리를 설명할 때 사용했던 사례를 소개한 뒤 이 장을 마치고자 한다.

러시아에는 '마트료쉬까(Matrioshka)'라는 전통 농부인형이 있다. 마트료쉬까에서 마티는 러시아어로 어머니라는 뜻의 '마티'에서 나왔다는 설이 유력하다. 그래서 '어머니 인형'이라는 뜻으로 해석될 수 있는데, 러시아 농촌의 다산과 풍요를 기원하는 인형이라고 해석되기도 한다.

마트료쉬까는 '인형 안에 인형' 방식으로 만들어진 러시아 인형이다.

위의 사진은 10개의 인형으로 이루어져 있는 마트료쉬까를 촬영한 것이다. 커다란 마트료쉬까를 열면 9개의 인형이 포개져 있어 계속 나오게 되는 구조로 되어 있다. 알트슐러는 이 마트료쉬까를 통해 '포개어 본다면 어떨까?'라는 생각을 했다고 한다.

우리에게 마트료쉬까는 다소 생소한 러시아 인형이다. 그리고 '포개기' 원리가 아이디어를 낼 수 있도록 도와준다는 것 또한 생소할 수 있다.

이 원리가 너무 낯설게 느껴진다고 물러서지는 말자. 오히려 낯설기 때문에 신선한 아이디어를 낳게 하는 원동력이 될 수도 있을 테니 말이다.

관련 검색어

포개기, 쇼핑카트, 윈도우, 계량컵, 종이컵, 보관, 지시봉, 공간효율성,
마트료쉬까(또는 마트로쉬카, 마트로시카, 러시아 인형)

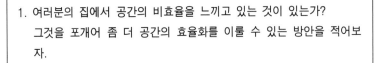

1. 여러분의 집에서 공간의 비효율을 느끼고 있는 것이 있는가?
   그것을 포개어 좀 더 공간의 효율화를 이룰 수 있는 방안을 적어보
   자.

2. 야외에 나갈 일이 있을 경우 코펠처럼 짐을 쌀 때 포개어서 해결할
   수 있는 것들이 있는지 살펴보자.

3. 인터넷에서 '포개기'를 검색해 더 많은 사례를 찾아보자.

다른 것과 비교해서 부족하다면 그것을 따라잡게 만들자

강 호동이 진행하는 <무릎팍도사>란 프로그램에는 다양한 분야의 유명인들이 출연한다.

안철수 대표, 골프 선수 신지애, 영화배우 이준기 등등.

'J에게'로 유명한 가수 이선희가 출연했을 때의 일이다. 이선희는 뛰어난 가수지만 진중한 편이라 프로그램을 재미있게 끌고 나가기에는 좀 힘든 게스트였던 모양이다. 이선희가 한창 이야기를 하고 있을 무렵 이승기가 갑자기 <무릎팍도사> 촬영장에 나타났다. 이승기는 본업인 음악부터 드라마, 예능 프로그램까지 섭렵하며 엄청난 주가를 올리고 있는 신세대 만능 엔터테이너다.(독자 여러분도 알다시피 이승기는 이선희가 키운 제자다)

촬영장에 왜 왔냐는 물음에 이승기는 재미 없을까 봐 걱정되어 왔다고 대답했다. 이선희가 너무 진지하기 때문에 10분 안에 웃음이 안 터지면 <무릎팍도사>가 다큐멘터리가 되거나 <100분 토론>처럼 될 것 같아 걱정되었다는 이승기. 밤새도록 이선희 소속사 사람들이 회의를 한 결과 결국 자신이 투입되기로 결정되었다 한다.

위의 사례처럼 '다른 것과 비교해서 평형을 이루지 못하는 상황이 되었을 때, 평형으로 만들어 줄 수 있는 힘을 가진 무언가를 결합시키는 것'을 평형추라 한다.

상점에 있는 물건 중에는 잘 팔리는 제품도 있고 잘 팔리지 않는 제품도 있다. 제일 안타까운 경우는 좋은 제품인데도 광고가 잘 안 돼 그 가치를 몰라주는 경우이다. 이런 경우에는 잘 팔리는 제품에 잘 팔리지 않는 제품을 끼워 넣어 같이 파는 전략을 취하는데, 이것이 평형추와 관련된 사례라고 할 수 있다.

2009년 MBC 프로그램 <무한도전>에서 내놓은 음반 하나가 가요계를 강타했다. '무한도전 듀엣가요제'가 그것이다. 자선 기부 성격을 띠는 이 앨범은 방송국 홈페이지에서만 판매를 했음에도 불구하고 CD판매가 3만 장이 넘어서는 등 엄청난 인기를 누렸고, 디지털 음악 시장에서는 더 뜨거운 반응을 얻었다. 음원이 풀리는 날 주요 음원 사이트(멜론, 도시락 등)에서 전곡이 10위권 안에 들었고, 가수 소녀시대 멤버 제시카와 개그맨 박명수의 듀엣곡 '냉면'은 소녀시대의 '소원을 말해봐'를 제치고 1위를 하기도 했다. 벌어들인 수익만 해도 20억 원을 웃돈다고 한다.

<무한도전>은 2007년에도 강변북로가요제 앨범을 발매한 적이 있었다. 그 당시에는 <무한도전> 출연진들만이 작곡가의 도움을 받아 앨범을 냈었다. 그 때 <무한도전> 제작진은 '출연진들을 혼자 세우기엔 무언가 부족하다'는 교훈을 얻었다.
이것을 알기 쉽게 정리해보자.

<무한도전> 멤버들을 혼자 세워야 한다.

이럴 경우 **유익한 기능**은 무엇일까?

→ 재미있는 앨범을 만들 수 있다.

그렇다면 이때 발생하는 **유해한 기능**은 무엇일까?

→ 일반 가수들에 비해 음악적인 완성도가 떨어질 수 있다.

그래서 2009년에는 유명 가수들의 도움을 받아 음악성을 높였다.

'무한도전 듀엣가요제'가 의미 있었던 것은 그저 인기가 많았고 수익이 많았다는 것만이 아니다. 20억 원 이상의 앨범 수익금 전액이 불우이웃돕기 성금에 기부되어 좋은 일에 사용됐다는 점이 의미있다. 버라이어티 프로그램에서 재미만을 추구하는 것이 아니라 사회공헌적인 성격까지 보여준 <무한도전> 제작진에게 박수를 보낸다.

어느 날 갑자기 매운 것이 생각나서 가족들과 주꾸미를 먹으러 갔다. 처음 방문한 곳이라 기대에 찬 마음으로 음식을 기다리고 있는데, 상차림을 보니 다른 주꾸미 집에서는 못 보던 것이 있었다.

카레가루를 물에 타서 주는 것이었다. 카레소스에 찍어 먹으면 매운 맛이 중화되어 덜 맵게 느껴진다고 한다. 누구나 자신이 괜찮다고 느끼는 맛의 기준이 있다. 거기에 맞추기 위해 우리는 음식에 싱거운 것을 첨가하거나 짠 맛을 내는 것을 가미해 먹거나 한다. 같은 주꾸미 요리에도 매운 맛을 중화시키기 위해 어떤 식당에서는 간을 심심하게 한 계란찜을 서비스로 제공하기도 한다. 매운 낙지볶음에 조개탕을 먹는 것과 갈치조림에 계란찜을 먹는 것도 동일한 원리로 볼 수 있다.

　다른 것들과 비교해 그에 걸맞지 못하는 것이 자신의 문제라면 그것을
상쇄시켜 줄 수 있는 무언가를 찾아보자.

 관련 검색어

　평형추, 무릎팍도사 이선희 이승기, 끼워팔기, 무한도전 듀엣가요제,
주꾸미와 계란찜, 낙지볶음과 조개탕, 중화, 상쇄

1. 내가 갖고 있는 것 중에 다른 것과 비교하여 좀 취약한 것은 무엇이며 어떠한 보상이 필요한지 생각해보자.

2. 매운 맛 떡볶이를 무엇과 함께 먹으면 맛의 평형이 될 수 있을지 생각해보자.

3. 인터넷에서 '상쇄'를 검색해 더 많은 사례를 찾아보자.

9. 사전 반대조치
미리 반대로 하자

간호사들은 주사를 놓기 전에 왜 엉덩이를 탁탁 때리는 것일까? 주사 맞을 환자는 긴장되어 엉덩이에 힘이 들어가게 된다. 그래서 엉덩이를 미리 쳐주면 긴장을 풀어줌과 동시에 아픔도 좀 덜어 주게 된다고 한다.

해결원리 9번 **사전 반대조치**는 이렇게 미리 요구되는 작용의 반작용을 수행하거나, 미리 작용의 반대 방향으로 힘을 갖는 물체를 충전하는 식으로 문제를 해결하는 것을 말한다. 반작용이란 문제가 되는 작용을 반대로 한다는 것이다. 열이 나서 문제가 되면 미리 냉각시키고, 튀어 올라서 문제가 되면 미리 눌러 놓고, 식어서 문제가 되면 미리 데워 놓으면 된다.

초밥만화하면 '미스터 초밥왕'이 무척 유명하지만 '키라라의 일'이라는 만화도 있다. 이 만화는 특이하게도 여성 초밥 요리사의 이야기를 다루고 있다. 여성 초밥 요리사가 특이한 이유는 초밥 집 조리대 안에 여자가 서면 부정 탄다며 금지했던 때도 있고, 여성은 주기적으로 체온의 차가 있어 초밥을 쥐기에 적합하지 않다는 편견도 있었기 때문이다.

　TV에 출연했던 한 여성 일식전문가는 이 편견을 극복하기 위해 요리 전 얼음물에 손을 담가 체온을 떨어뜨려 놓는다고 이야기하기도 했다. 이렇게까지 온도에 민감한 이유는 초밥은 섭씨 30도 정도에서 적정하게 만들 수가 있는데, 사람 손의 온도는 섭씨 33~34도 정도 되기 때문이다.

　열이 있는 것이 문제니 반대로 미리 얼음물에 손을 담근다든지 식초에 손을 담가 열을 방출하는 것이다. 식초는 공기 중으로 잘 증발하는 성질을 가지고 있는데 증발하면서 손의 열까지 빼앗아 날아간다. 초밥은 이런 사전 반대조치들을 통해 맛있는 음식으로 탄생하게 되는 것이다.

　사전 반대조치는 '유해한 효과제거를 위해 미리 반대조치를 취하는 것'이다. 더욱 강한 구조물을 만들기 위해 콘크리트를 붓기 전에 철근에 미리 장력을 주는 것도 사전 반대 조치의 사례라 할 수 있다.

직장인들이 제안서를 쓸 때 다각적인 관점을 보지 못하고 자기만의 시각에 빠지기가 쉽다. 이것을 알기 쉽게 정리해보자.

제안서를 자신의 관점 내에서 작성해서 제출한다.

> 이럴 경우 **유익한 기능은** 무엇일까?
> → 해왔던 대로 하기 때문에 별다른 저항 없이 신속하게 제안서를 작성할 수 있다.

> 그렇다면 이때 발생하는 **유해한 기능은** 무엇일까?
> → 다른 의견을 가진 경쟁자로부터 공격을 받을 수 있다.

이럴 때 사전에 취할 수 있는 방법 중의 하나가 가장 강력한 경쟁자의 관점에서 집중적으로 브레인스토밍을 하는 것이다. 이렇게 하다 보면 제안서의 부족한 점을 발견해내기가 쉽다.

또한 부정적인 관리자나 조직 구성원이 여러분의 프레젠테이션에 대해 공격적으로 나올 것이 예상될 때 대결을 피할 수 있도록 미리 상대방을 관여시켜 그의 반응이 어떠한지 사전에 확인할 필요가 있다.

예방접종은 이 사전 반대조치를 잘 활용한 것이다. 인간의 몸에는 면역체계가 있는데 세균이 몸에 침투했을 때 우리의 면역체계가 감당하지 못하게 되면 병에 걸린다. 예방접종은 균을 사전에 투입하여 균을 막는 것이다.

먼저 적은 양의 세균을 우리 몸에 주사한다. 투여된 세균의 양이 적기 때문에 우리 몸은 그 균을 죽이고 그 세균에 대한 정보를 우리 몸의 면역체계에서 저장을 하게 된다. 이후 많은 양의 세균이 우리 몸에 침입한다 해도, 면역체계에 저장된 정보에 의해서 더 활발한 면역활동을 하기 때문에 우리는 쉽게 감염되지 않는 것이다.

구조대원들도 사전 반대조치를 통해 위험을 미리 차단한다. 캔자스 시 소방서의 구조대원들은 물에 빠진 사람들을 구조할 때, 어떤 행동을 하기 전에 미리 욕설이 섞인 말들로 위협을 가한다고 한다. '가까이 갔을 때, 절대 날 붙잡지 마요! XX, 잡으면 그냥 가버릴 거에요! 알아들었어요?' 와 같이…. 그러지 않으면, 물에 빠진 사람들은 물 속에 가라앉지 않기 위해 무서운 힘으로 구조대원을 붙잡아 물 속으로 끌어내리려 하기 때문이다.

멘토링에도 유용하게 사용될 수 있는 것이 이 원리다. 일본에는 끝나지 않기로 유명한 만화들이 있는데 '유리가면'도 그 중 하나다. 1970년대에 출판된 만화가 아직도 완결되지 않았으니 말이다.

유리 가면의 주인공 기타지마 마야는 예쁘지도 않고 공부도 잘 하지 못하는 소녀다. 그러나 마야의 가슴 속에는 연기를 하고 싶다는 의지가 불타고 있었다. 이런 마야의 재능을 알아본 왕년의 대여배우 츠기카게 치구사는 그녀를 배우로 키우기로 결심한다.

그러나 마야에게는 천부적인 연기 재능이 있었지만 연극무대에 세우기에는 문제가 있었다. 마야는 관객들을 자신에게 몰입하게 만듦으로써 다른 배우들을 희석시켜버리는, '조화'를 깨뜨리는 문제를 갖고 있었다. 전체와 팀워크를 이루지 못하고 혼자서 연기하고 있는 마야는 너무 개성이 강하고 튀는 것이 문제였던 것이다.

츠기카게는 마야에게 사전 반대조치 처방을 내린다. 인형연기를 맡긴 것이다. 인형연기는 아무 말도, 아무런 감정도 없이 가만히 있어야 하는 연기다. 쉬운 것 같지만 마음이 전혀 없어야 하는 고난이도 연기에 속한다. 츠기카게 치구사는 사찰에 마야를 보내 '무심(無心)'을 깨닫게 한다. 괴로움도 없고 번민도 없는 돌에 동화가 되는 연습을 한 마야는 인형 역할을 훌륭히 해낸다. 그리고 연기는 혼자 하는 것이 아님을, 주위 사람들과 조화가 필요함을 깨닫는다.

2001년 8월 15일. 많은 사람들이 알다시피 이 날은 한국 대표팀 감독을 맡았던 히딩크에게 '오대영'이라는 별명이 붙게 된 역사적인 날이다. 우리나라와 체코와의 축구 평가전에서 5 : 0으로 한국이 지고 난 뒤 각종 언론매체는 히딩크에 대한 실망감으로 도배가 되었고, 히딩크가 감독으로서 오래 가지 못할 것이라 예상하곤 했다.

그러나 히딩크는 이에 아랑곳하지 않고 다른 강팀들과 한국팀을 계속 경쟁시켰다. 월드컵이 열리게 되면 어차피 강팀과 대적하지 않을 수 없기에 미리 맞붙게 해서 자신의 위치를 가늠하고 대비하게 한 것이다.

이런 사전 조치는 다른 여러 훈련들과 함께 결국 한국에게 2002 월드컵 '4강 진출'이라는 신화를 이뤄주었고, 히딩크 감독은 국민적 영웅으로 자리매김되었다.

이렇게 사전에 반대로 해서 해결될 수 있는 일이 있다면 이 원리를 이용해 좋은 방향으로 이루어 낼 수 있도록 노력해 보자.

 관련 검색어

반작용, 주사 엉덩이 탁탁, 키라라의 일, 여자 초밥 요리사 얼음물, 경쟁자의 관점, 예방접종, 물에 빠진 사람 구조, 유리가면 인형연기, 히딩크 오대영

1. 본인이 멘토링할 사람을 찾아보고 어떻게 사전 반대조치로 멘토링할 수 있을지를 생각해보자.

2. 예방접종의 발상을 응용할 수 있는 다른 영역은 어떤 것들이 있을지 생각해보자.

3. 인터넷에서 '유리가면'을 검색해 더 많은 사례를 찾아보자.

10. 사전 준비조치
미리 준비하자

여러분이 일을 하든, 공부를 하든 무언가를 하기 위해서는 점검하는 것이 필요하다.

예를 들어 여러분이 교육담당자라면 교육장에 학습자들이 도착하기 전에 점검해야 할 것이 많이 있다. 학습자들이 사용할 교재, 노트, 명찰, 강의를 위한 빔 프로젝터나 마이크, 냉·난방기기 등 교육장 환경과 관련이 있는 요소를 사전에 준비하고 점검하지 않으면 교육성과에 차질이 생길 수밖에 없을 것이다.

여러분이 직장인이라면 상사나 고객사 대상으로 보고하기 위한 기획안이나 프레젠테이션 발표를 위해 사전에 준비해야 할 것들이 있을 것이다. 만약 여러분이 영업 담당자라면 오늘 프레젠테이션에서 핵심인물이 누구인지 알아보거나, 보여주어야 할 영상은 잘 나오는지 등을 미리 준비하지 않는다면 중요한 계약 건을 놓치게 될지도 모른다.

여러분이 학생이라 해도 마찬가지이다. 사용할 필기구나 과제 등을 준비하지 않는다면 수업을 제대로 듣거나 학점을 잘 받기 힘들지도 모른다. 이처럼 사전 준비조치는 미리 요구되는 작용을 수행하거나, 미리 물체를 최상의 동작위치에 두고 공급에 필요한 시간낭비를 피하는 것이다.

이러한 원리가 바로 라면봉지에 있다.

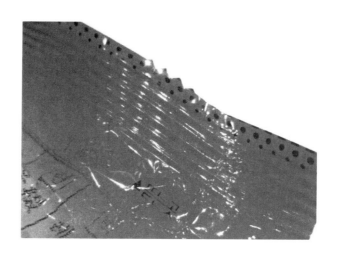

라면봉지 겉 표면에는 칼이나 가위 없이도 뜯을 수 있게끔 조치가 되어 있다. 굉장히 사소한 아이디어 같지만 막상 닥쳐보면 그렇지 않다. 만약 이런 조치들이 없다면 '출출할 때 먹으려고 사둔 과자봉지를 여행지에 가서 뜯을 때 잘 뜯어지지 않는 상황'이 연출될 것이다. 마음은 급한데 칼도 가위도 없고! 손으로 잘 뜯어지지도 않고!

있을 때는 그 소중함을 모르지만 없을 때는 그 소중함이 크게 느껴진다고 하듯이 사전 준비조치가 없다면 우리에게 불편한 점이 무척 많을 것이다.

우표도 사전 준비조치가 적용된 것이다. 우표의 절취선은 미리 하나하나씩 뜯기 쉽게 하기 위한 것이다.

　　레스토랑에 가면 포크, 나이프 등 식기류와 냅킨이 테이블 위에 미리
세팅되어 있다. 이로 인해 음식을 차려주는 시간을 단축시킬 수 있는 것
이다.

이것을 비즈니스에 적용한 것이 '손질 없이 바로 먹게 해준다'는 컨셉이다.

'무세미(無洗米)'라 하여 미리 씻어 나오는 쌀이 있고 과일, 야채도 다듬고 씻는 번거로운 작업을 거치지 않도록 씻어 나오는 제품들이 많다. 소비자 입장에서는 누군가 음식 재료를 미리 손질해 준 덕분에 그것을 위한 시간과 수고를 덜 수 있어 다소 비싸긴 해도 반갑다.

'총각네 야채가게'라는 유명한 가게가 있다. 야채가게 하면 특별할 것이 있을까 싶지만 이 가게는 조금 다르다. 품질 좋은 야채와 과일을 합리적인 가격에 살 수 있다는 점, 깔끔한 인테리어, 재미있는 점원들로 보통의 야채, 과일가게와 차별화했다.

이 총각네 야채가게를 운영하고 있는 과일 야채 등 농산물 프랜차이즈 업체가 최근 테이크아웃 전문점 '베리핀'을 시작했다. '베리핀'은 씻고 다듬고 깎거나 자르는 손질 없이 곧바로 먹을 수 있는 소포장 과일, 샐러드, 야채, 생과일 주스 등을 판매하고 있다. 음식재료를 손질할 시간이 없거나, 가족 구성원이 적어 많은 양을 구매할 필요가 없는 직장인 여성층이 늘고 있다는 판단에서 그들을 주요고객으로 삼고 있다.

베리핀은 주로 가게가 지하철 안에 위치해 있어서 지하철 이용객들이 쉽게 접할 수 있다는 매력이 있다. 최근에는 로드샵(Roadshop)을 여는 것도 활발히 논의되고 있다고 한다.

식재료들을 소개하고 나니 단호박 이야기를 하지 않을 수가 없다. 단호박은 껍질이 두꺼워서 자르기가 힘들다. 요리하려면 단호박을 잘라야 하는데 일단 칼도 잘 들어가지 않을 뿐더러 힘도 많이 든다. 또한 칼에 다칠 위험도 있고 이만저만 고생인 것이 아니다.

이것을 알기 쉽게 정리해보자.

단호박을 잘라야 한다.

이럴 경우 **유익한 기능**은 무엇일까?
→ 단호박 요리를 만들 수 있다.

그렇다면 이때 발생하는 **유해한 기능**은 무엇일까?
→ 껍질이 단단해 자르는데 매우 힘이 든다.

이 문제를 놓고 고민하다가 어느 요리책을 봤는데 간단한 요령이 실려 있었다.

'단호박 껍질은 두꺼워서 칼로 곧바로 자르기가 힘들기 때문에 미리 전 자레인지에 2분간 돌려준다. 그러면 단호박이 조금 물러져서 손쉽게 자를 수 있는 상태가 되어 쉽게 손질할 수 있다'는 것이었다.

곧바로 실행해보았는데 정말 적당히 물러져서 자르기가 훨씬 수월했다. 이 요령을 미리 알고 준비조치를 했다면 뒤의 요리과정이 훨씬 수월했을 것이다.

자, 이제 비즈니스 회의 장면으로 들어가 보자. 회사를 다니다 보면 우리는 무슨 회의인지도 모르고 회의장에 들어가는 경우가 많다. 그냥 오라고 하니까 가는 것이다. 이렇게 되면 안건을 설명하는 데에 불필요한 시간이 많이 낭비된다.

미리 안건을 배포하면 어떨까? 어차피 회의를 하려면 내용을 알아야한다. 그 자리에서 꼭 설명을 들을 필요는 없는 것이다. 안건을 미리 배포하는 사전 준비조치는 회의를 효율적으로 만들 수 있다.

책을 구입하면 그 안에 엽서가 들어있는 경우가 있다. 출판사에서 독자들의 의견이나 평을 듣기 위해서 넣어두는 것이다. 그런데 이런 엽서에는 20XX년 X월 X일까지 유효하다는 문구가 적혀있다. 독자들이 굳이 돈을 들여 우표를 사서 붙일 필요가 없게끔 출판사가 미리 계약을 해서 준비를 한 것이다.

이 사전 준비 조치 원리는 미리 요구되는 작용을 수행하거나 미리 물체를 최상의 동작위치에 두도록 시키는 것이다.

 관련 검색어

사전에 준비, 미리 준비, 라면봉지, 우표 절취선, 레스토랑 세팅, 무세미, 베리핀, 세척수삼, 단호박 껍질 쉽게 벗기기, 회의 안건 미리 배포, 책 속의 엽서(독자엽서)

이것만은 실천하자!

1. 자신이 해야 할 일 가운데 어차피 해야 할 일인데 미리 준비하면 좋은 일들이 무엇이 있는지 나열해보자.

2. 사전 준비조치로 나의 주변 사람들(직장동료, 친구, 가족 등)을 어떻게 도와줄 수 있는지 생각해보고, 오늘 하루 동안 3가지를 실천해보자.

3. 인터넷에서 '미리 준비'라는 단어로 검색해 더 많은 사례를 찾아보자.

11. 사전 예방조치
보험처럼 미리 예방하자

사 전 예방조치는 우리 주변에서 무척 쉽게 찾아 볼 수 있는 원리이다. 물체의 낮은 신뢰성을 보상하기 위해 미리 안전조치를 취하는 것이다. 다시 말하면 보험을 들어놓는 것을 말한다.

어제 하루 동안 독자 여러분이 보낸 일정 가운데서도 이 원리가 어딘가에 꼭꼭 숨어 있었을 것이다. 필자의 눈으로 생활 속에서 사전 예방조치를 찾아보도록 하겠다.

20XX년. X월 X일

마음에 드는 전시회를 알게 됐다.

마침 쉬는 날이기도 해서 가봐야겠다는 마음을 먹고 간단한 간식을 준비하기 시작했다. 구경하다 보면 배가 고플 테니 말이다.

"지금이 딱 이걸 사용할 때군."이라고 중얼거리면서 얼마 전에 구입해둔 '샌드메이트'를 꺼냈다. 샌드메이트는 샌드위치의 가장자리를 붙여주는 도구이다.

왜 이런 제품이 필요할까?

이것을 알기 쉽게 정리해보자.

일반 샌드위치를 만든다.

　　이럴 경우 **유익한 기능**은 무엇일까?
　　→ 빠르게 배고픔을 해결할 수 있다.

　　그렇다면 이때 발생하는 **유해한 기능**은 무엇일까?
　　→ 가지고 다니면서 먹다 보면 속에 들어있는 햄이나 양상추 등 내
　　　용물이 튀어나올 수 있다.

　샌드위치는 18세기경 트럼프를 너무 좋아하는 샌드위치 백작이 트럼
프를 치면서 먹을 수 있는 것이 없을까 고민하다가 만들어졌다고 한다.
그러나 보통의 샌드위치는 가장자리가 붙어 있지 않아서 여러 가지 내용
물을 넣고 유선지나 비닐랩, 은박지 등으로 잘 싸두지 않으면 샌드위치
속이 다 튀어나오는 경우가 있다.

이런 문제점을 보완하기 위해 나온 것이 바로 샌드메이트다.

내용물을 너무 많이 넣다 보면 찢어져 불편할 때도 있지만, 간편하게 들고 다니면서 먹기엔 무척 편리하게 해주는 제품이다.

아무튼 두 조각의 식빵 사이에 고구마 샐러드를 넣고 '샌드메이트'로 꾹꾹 찍어서 가장자리가 붙어있는 샌드위치를 만들었다. 샌드위치 가장자리를 기계로 미리 눌러주어 샌드위치 속이 튀어나가지 않도록 한 것이다. 완성된 샌드위치를 케이스에 잘 챙겨 넣고 나갈 채비를 했다.

의자에 앉아 지하철을 기다리고 있는데 벽에 붙어있는 '경고'라는 단어가 보였다.

사람들이 소화장치를 혹시라도 만져서 일어날 수 있는 상황들을 방지하기 위한 것이었다. 이러한 경고 문구는 박물관이나 잔디밭 등 사람들이 훼손시킬 것을 예방하기 위해 많은 곳에 붙어있다.

이런저런 생각을 하는 동안 열차가 들어오고 있다는 알림 소리가 들렸다.

스크린 도어가 열리고 지하철을 탄 신문을 펼쳐서 읽고 있는 남자 앞에 섰다.

신문에 실린 보험 광고가 눈에 들어왔다. 보험이라….

보험도 사전 예방조치 중 하나다. 장래 일어날지 모르는 중병이나, 사고, 사망에 대비하여 드는 것이니까.

오늘따라 심하게 덜컹거려 손잡이를 잡았다.

지하철 안의 손잡이는 사람들이 넘어질 것을 사전에 예방하기 위해 설치해둔 것이다.

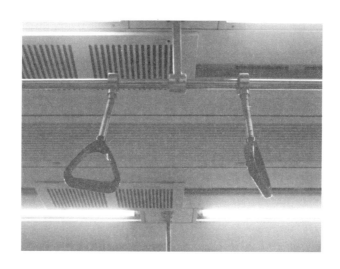

손잡이가 없다면 사람들은 중심을 잡기 위해 안간힘을 써야겠지?

전시장에 도착하니 배가 고팠다. 미리 준비해 온 샌드위치를 꺼내 먹고 식후에 먹는 약을 꺼내서 복용했다.

'약'하니까 생각나는데 독자 여러분은 제약회사에서 신약을 개발할 때 어느 정도의 기간이 걸릴 것이라고 생각하는가? 대상을 달리한 세 차례의 임상실험을 거쳐 무려 10여 년이 걸린다고 한다. 아무래도 사람이 복용하는 것이기 때문에 예방 가능한 부작용은 이 기간에 대부분 예방해서 나오게 되는 것이다.

약을 먹어서인지 조금 졸리긴 했으나 흥미롭게 전시회를 관람했다.

전시회를 다 돌아본 후 코엑스를 좀 더 구경하기로 마음먹었다.
유명한 버거 전문점 옆을 지나는데 이런 문구가 보였다.

코엑스나 명동, 신촌 등 사람이 많이 몰리는 가게에서는 손님들이 많이 몰려서 기다리는 상황을 대비하여 저런 조치들을 취하곤 한다.

이 가게의 경우는 음료 쿠폰을 무료로 주었지만 필자가 예전에 갔던 유명한 닭요리 전문점에서는 삐에로나 마술사들이 손님들이 기다리는 시간을 지루해하지 않도록 마술이나 묘기를 보여주곤 했다.

저 문구를 보니 얼마 전 보았던 안내문이 하나 떠올랐다.

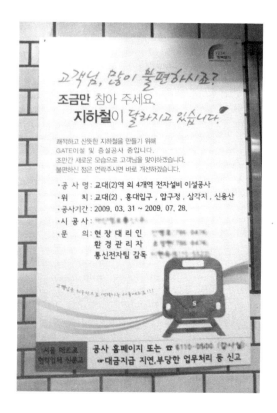

지하철 공사로 인해 사람들이 불편한 상황에서 '고객님, 많이 불편하시죠?'라고 적혀있는 안내문은 불편한 것을 미리 물어 사람들이 기분 상하는 것을 예방하도록 조치했던 것이다.

사람의 마음이란 것이 그렇다. 기분이 상할 수 있는 상황에서 먼저 그 기분을 살펴주는 것만으로도 마음이 풀린다.

계속 걸어서 코엑스 안에 있는 서점에 들어갔다.

오랜만에 컴퓨터 서적을 둘러보는데 '베타 테스터'라는 단어가 적혀 있는 책이 보였다. 몇 년 전 화제가 되었던 것이 기억났다.

소비자들이 미리 써보게 함으로 일어날 수 있는 문제들을 사전에 처리하는 방식은 요즘 다양한 분야에서 쓰이고 있다. 이것을 책 출판에 도입시켜 대박 난 곳이 있었는데 바로 길벗 출판사다. 길벗 출판사는 95년부터 베타 테스터 제도를 책에 도입했다.

컴퓨터 서적은 전문가가 만들고 그대로 출판하는 것이 일반적이었으나, 길벗에서는 베타 테스터가 먼저 사용해보고 미리 일어날 수 있는 문제점들을 잡았으며 그들의 의견을 반영하여 소비자에게 좀 더 쉽고 잘 맞는 책을 냈다. 베타 테스터는 길벗출판사 홈페이지에 신청한 독자들 가운데서 선정되고 소정의 수고비도 지급된다. 게다가 출간된 책에 자신의 서평과 이름이 실리는 보람까지 맛 볼 수 있다.

계속 둘러보는 가운데 연애관련 서적들, 결혼, 이혼 서적들이 보였다. 불행히도 한국은 전세계 국가 중 이혼률 상위권을 기록하며 이른바 '이혼 공화국'의 오명을 쓰고 있다. 이런 현실을 반영하는 것인지 국내의 많은 드라마들이 이혼과 불륜을 코드로 내세우며 인기몰이를 하고 있다는 현실은 참 씁쓸하다. 이혼 하니까 생각나는데 독자 여러분께서는 '이혼 숙려제'라는 단어를 들어보셨는지 모르겠다.

이혼률 증가를 막기 위해 특별히 2008년 6월부터 전국적으로 '이혼숙려제'가 도입되었다.

이혼숙려제는 가정법원에 부부가 협의이혼을 신청할 경우 양육할 자녀가 있을 때는 3개월, 없으면 1개월간 생각할 시간을 준 뒤 이혼 의사를 다시 한번 확인받도록 하여 홧김이혼을 미리 예방하도록 한 제도이다.

파이낸셜 뉴스 2009년 7월 2일자 기사에 따르면 이혼숙려제의 도입으로 인해 이혼률이 실제로 줄어든 것을 알 수 있다.

> 이혼숙려제가 본격 시행된 지난해 6월 22일부터 지난달 21일까지 1년 동안 전국 법원은 14만 3,600건의 협의이혼 신청을 받았으며 이 중 26.6%인 3만 2,812건이 취하됐다.
> 이는 지난 2007년 6월 22일부터 지난해 6월 21일까지 14만 3,886건의 협의이혼 신청을 받아 이 중 18%인 2만 5,179건이 취하된 것에 비해 취하율이 대폭 상승한 것이다.
> 대법원은 이같은 협의이혼 신청 취소비율이 눈에 띄게 높아진 것은 이혼숙려제에 따른 효과로 분석했다.

이러한 사전 예방조치 하나로 협의이혼 취소비율이 높아졌다니 이 얼마나 좋은 일인가!

여러 책들을 구경하고 나서 서점을 빠져 나왔다.

집으로 돌아오는 길에 엠뷸런스가 급하게 경적을 울리며 가는 것을 보았다. 엠뷸런스도 언제 일어날지 모르는 사고를 대비하여 준비되어 있는 차다.

바쁘게 경적을 울리며 가는 엠뷸런스를 보면 '저 안에 위급한 환자가 탔겠지'란 생각이 들어 괜스레 마음이 안 좋아진다.

'하인리히 법칙'이라는 것이 있다. 1920년대 미국 여행보험사의 직원이었던 하버트 하인리히가 수많은 통계를 다루다가 하나의 법칙을 발견하였는데, 대형사고 한 건이 발생하기 전에 이와 관련 있는 소형사고가 29회 발생하고 소형사고 전에는 같은 원인에서 비롯된 사소한 징후들이 300번 나타난다는 것이다. 이 1 : 29 : 300법칙이 '하인리히 법칙'이다.

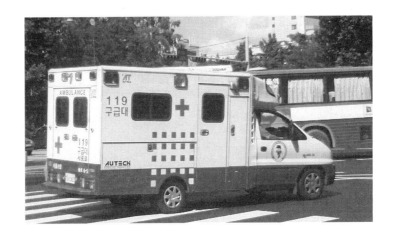

　하나의 치명적인 사고 전에는 300번 이상의 소형사고들, 즉 징후가 일어나기 때문에 이런 징후들을 간과하지 않고 대비할 수 있다면 많은 사고를 사전에 예방할 수 있을 것이다.

　이렇게 필자의 관점에서 하루 동안 사전 예방조치들을 찾아보았다.
좀더 친숙한 느낌이 드셨는지…?
이외에도 사례는 무궁무진하게 많을 것이다.

　요즘처럼 미래가 불확실한 시대에는 미래에 발생할 수 있는 모든 가능성과 그 상황이 미칠 수 있는 효과를 다각적으로 분석하고 미리 대비하는 '시나리오 경영'이 필요한데, 이런 시나리오 경영도 사전 예방조치의 사례라 할 수 있다. 그 외에도 여행가기 전 멀미를 예방하기 위해 키미테(멀미약)를 붙인다든지, 날아갈지 모르는 데이터를 백업시켜둔다든지 사전 예방조치 사례는 너무나도 많다. 필자의 시각에서 하루만 봐도 주변에 널려 있는 것들이 얼마나 많은가? 사전 예방조치가 잘 되면 보다 안전하게, 하고자 하는 일들을 처리할 수 있다.

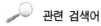 관련 검색어

사전 예방, 보험, 샌드메이트, 경고, 방지, 지하철 손잡이, 임상실험,
베타테스터, 이혼숙려제, 앰뷸런스, 하인리히 법칙, 시나리오 경영, 키
미테, 데이터 백업

1. 사전 예방조치를 취하지 않아 난감한 상황에 놓인 적이 없는가?
   그런 상황이 다시 발생하지 않게 하기 위해 어떤 사전 예방조치를
   취할 수 있을까?

2. 보험의 종류를 찾아 나열해 보고 어떤 것을 예방하기 위한 보험들
   인지 생각해 보자. 또한 이색 보험들도 찾아보자.

3. 인터넷에서 '사전 예방'을 검색해 더 많은 사례를 찾아보자.

12. 높이 맞추기
상대방에게 쉽도록 환경을 바꾸자

K BS에서 방영중인 <스타골든벨>에는 오랫동안 인기를 누렸던 '눈높이를 맞춰요'라는 코너가 있었다. 소녀가수그룹 카라의 멤버 '니콜'이 출제자로 나오는 프로그램이었다. 재미교포로 한국어에 서툰 니콜이 본인이 아는 한국어 내에서 약간씩 영어를 섞어가며 속담, 음식이름, 사람이름 등을 설명하고 출연자들이 맞추는 게임이었다. 설명이 말이 되든 안 되든 출제자 니콜의 눈높이를 맞추지 못한다면 문제를 풀 수 없다. 필자도 같이 풀어보곤 했었는데 생각보다 풀기 힘든 문제들이 종종 나왔다.

이와 비슷한 예를 MBC의 <세바퀴(세상을 바꾸는 퀴즈)>의 '스피드 퀴즈'에서도 볼 수 있다. '스피드 퀴즈'는 게스트의 지인들(주로 친분 있는 연예인)에게 전화를 걸어 상대방이 전화를 받는 순간 퀴즈가 시작되는데 그때부터 상대방의 눈높이에 맞춰서 주어진 단어에 대한 설명을 해주어야 한다.

예를 들어 '다이아몬드 반지'가 정답이라고 하면 "결혼 할 때 손가락에 굵게 끼는 반지. 그거 알! 제일 비싼 보석"이라고 설명하는 식이다. 프로그램을 시청하다 보면 출연자들마다 설명에 차이가 있어 쉽게 맞출 때도 있고 어렵게 맞출 때도 있다.

이렇게 역지사지(易地思之)의 측면에 서 있는 원리가 바로 12번 높이 맞추기 원리이다. 알트슐러가 이 원리를 만들었을 때의 원래의 기술적인 의미는 이러하다.

'물체를 들어올리거나 내릴 필요가 없도록 작업조건을 바꾼다.'

물체를 직접 들려면 무겁고 힘이 드니 그러지 말고 주변 환경을 바꾸어서 물건을 손쉽게 들 수 있게끔 하라는 것이다.

이것을 비기술 영역으로 확대하면 이런 뜻도 가능할 것이다. 상대방의 처지에 맞추어서 주변 작업 조건을 변화시켜 주는 것. 상대방의 마음을 이해하고 필요를 파악하여 그에 맞게 서비스하는 것. 상대방의 마음을 이해하고 눈높이를 맞추어 필요를 파악하고 그에 맞게 서비스하는 것. 이와 같은 관점에서 대박을 냈던 책이 있다. 바로 "2,000원으로 밥상 차리기"(김용환, 영진닷컴)이다.

이 책은 2003년도에 출판되었는데, 2004년도에 이미 35쇄를 찍어냈을 정도니 대단하게 팔린 책이다. 요리책으로는 처음으로 종합 베스트셀러 순위 10위에 오르기도 했다.

이 책이 잘 팔린 데에는 여러 요인이 있다. 먼저 '2,000원'이라고 하는 구체적인 액수와 부담없는 저렴한 가격이 소비자들의 마음을 사로잡았다. 이 책의 성공에 힘입어 '~원 시리즈'가 계속 나오게 되었다. 서점에 가보면 이런 제목을 가진 책들을 많이 만나볼 수 있을 것이다.

(이미지 제공 : 영진닷컴)

또한 지은이가 '나물이(www.namool.com)'라고 하는 홈페이지를 운영하여 인터넷 상에서는 이미 유명한, 검증된 사람이었다. 게다가 나물이는 요리 전문가가 아니라 자취생활을 하는 평범한 30대 남성이었기 때문에 일반 남성들의 정서를 잘 읽어내는 등 이러한 점들이 매력적이어서 유독 남성의 구매율이 30% 이상이었다고 한다.

그런데 필자의 눈을 가장 먼저 끌었던 것은 바로 '밥숟가락 계량법'이었다. 요리책을 이용해 음식을 하다 보면 바질, 치킨 파우더, 폰즈 간장… 익숙하지도 않은 요리 재료들도 낯설지만 요리 초보자들을 무척 힘들게 하는 것 중 하나가 계량스푼이다. 1큰 술, 1작은 술….

필자 역시 이런 방법이 너무 힘들었기에 어림잡아 넣는 경우가 많았다. 가뜩이나 요리하는 시간도 오래 걸리는데 일일이 계량스푼에 재어서 하려니 귀찮기도 했다.

이것을 알기 쉽게 정리해보자.

계량스푼을 사용해야 한다.

이 때 발생하는 **유익한 기능**은 무엇일까?
→ 요리에 넣을 재료의 양을 정확히 잴 수 있다.

그렇다면 **유해한 기능**은 무엇일까?
→ 모든 가정에 구비되어 있는 것이 아니며 사용하기 번거롭다.

이 책은 다수의 요리책에서 선택한 계량스푼을 사용하지 않았다. 대신 가정에 모두 가지고 있는 밥숟가락으로 계량을 하도록 했다. 계량스푼은 없을지라도 대한민국 가정에 밥숟가락이 없는 집이 있을까?

그러나 출판 관계자들은 "그 동안 계량스푼으로 풀어낸 요리책이 얼마나 많은데 일반 가정에 계량스푼이 없겠느냐."고 반문하는 경우도 있었다고 한다. 그런데 한번 생각해 볼 일이다. 집에서 어머니들이 요리할 때 계량 스푼으로 하나하나 재가면서 요리를 했었던가? 무언가 자연스럽지가 않다.

필자는 이 책에 나온 요리 방법대로 요리를 하면서 정말 편했다. 숟가락만 가지고 계량을 하면 되니 이해도 쉬울 뿐더러 무엇보다 시간을 단축할 수 있었기 때문이다.

단순히 보는 요리책이 아니라 독자가 쉽게 따라 할 수 있는 현실적인 요리책이 되어야 한다는 생각. 서민의, 서민에 의한, 서민을 위한 요리책이 되어야 한다는 생각. 이러한 생각으로 고객의 마음을 잘 읽어냈기 때문에 현재까지 70만 부 이상이 팔린 베스트셀러로 오래도록 사랑 받고 있지 않을까 싶다. 이 책이 나오기 전까지는 대부분 계량스푼을 기준으로 하여 책이 출판되었다는 사실. 놀랍지 않은가?

금융업계에서도 고객의 눈높이를 맞춘 사례가 나오고 있다. 디레버리징, 리커플링, 매크로변수, 스트레스테스트, 신용스프레드….

어떤 뜻인지 설명할 수 있는가?
펀드를 하는 사람들은 펀드 운용 보고서를 받아본다. 펀드 운용 보고서에는 보기에도 어지러운 단어들이 많이 나열되어 있다. 그런데 자산운용사들이 최근에는 이런 분위기를 바꾸고 있다고 한다.
전문가가 아니면 이해하기 어려웠던 용어들을 '디레버리징→부채축소, 디커플링→탈동조화, 디폴트리스크→부도위험'과 같이 비교적 쉽고 친숙한 단어로 바꿔주기도 하고, 동영상 운용 보고서를 도입한다거나, 운용보고서에 담당 펀드 매니저들의 편지를 첨부하는 등 고객을 배려하는 방향으로의 변화를 도모하고 있다.

금융단어들은 따로 공부하지 않으면 어려운 부분이 많은데 누가 보아도 쉽게 이해할 수 있는, 고객의 눈높이를 맞춘 서비스들이 앞으로 더 풍성해지길 기대해본다.

2009년 상반기 할리우드 블록버스터 재난영화 '노잉(Knowing)'이 개봉되었다. 개봉 이후 20일만에 100만 명을 돌파할 정도로 인기를 끌었는데 이 흥행에는 '케서방'의 역할이 컸다. '케서방'이 누구인지 젊은 분들은 아실 거라 생각한다.

'케서방'은 한국인 앨리스 킴과 결혼한 니콜라스 케이지에게 한국 사람들이 붙여준 애칭이다.

그가 '노잉' 홍보 영상에서 그 특유의 진지한 표정으로

"안녕하세요. 케서방 니콜라스 케이지입니다."

"노잉, 짱이야!"

"노잉, 킹왕짱!"

이라고 능숙한 한국어로 한국 팬들에게 인사했다.

팬들이 붙여준 '케서방'이라는 애정어린 애칭이 싫지 않았던 듯 싶었다.

이 영상은 인터넷에서 화제가 되었고 필자 역시 이 홍보영상을 보며 큰 감동을 받았다.

외국배우나 유명인사가 와서 '안녕하세요', '감사합니다' 정도를 구사하는 것은 많이 보아 왔으나 한국 네티즌이 붙여준 애칭인 '케서방'과 네티즌들이 많이 사용하는 '킹왕짱(무척 멋지다는 뜻으로 사용하는 단어)' 단어를 사용하는 것은 처음 보았기에 더 감동이 컸던지도 모르겠다.

국내 네티즌의 눈높이를 매우 잘 맞춰주었던 사례다.

뮤지컬에서도 이렇게 관객들의 눈높이를 잘 맞춘 사례가 있다.

1981년 5월 11일 뉴 런던 극장에서 초연된 이래 27년이 지난 지금도 전 세계 어디에선가 공연되고 있을 최고의 뮤지컬 <캣츠>의 무대소품 활용에 이 원리가 숨어 있다.

캣츠의 무대에는 망가진 장난감, 낡은 구두, 깡통 등 온갖 잡동사니가 쌓여있다. 그런데 폐품의 상표가 매우 재미있다. 각 나라 공연 때마다 그 나라에서 일상적으로 사용하는 물품의 브랜드를 그대로 가져온다고 한다.

한국이라면 칠성 사이다 페트병, 초코파이 상자 등이 무대 위에 놓여진다는 이야기.

관람객들의 눈높이를 최대한 맞춰준 멋진 사례다.

마지막으로 이노디자인 김영세 대표가 자신의 저서 '12억짜리 냅킨 한 장'에서 언급했던 가슴 뭉클한 이야기를 소개해 보도록 하겠다.

지난해 어버이날, 열여섯 살짜리 아들 윤민이는 아내에게 아주 특별한 선물을 했다.

어머니에 대한 사랑을 마음껏 표현한 선물이었다. 윤민이가 직접 제작한 선물은 흔히 볼 수 있는 상품권이나 쿠폰 같은 것이었다. 표지에는 '어머니를 위한 쿠폰'이라고 쓰여 있었고, 어머니를 위한 청소, 자동차 세차, 설거지, 마사지 등 여러 서비스 항목을 적어 한 장씩 떼어 쓰게 만든 것이었다. 쿠폰을 한 장씩 넘길 때마다 탄성을 지르던 아내는 '이런 일들은 앞으로 3개월간 유효합니다'란 대목에서 피식 웃고 말았다.

그런데 맨 마지막 장에 이르러서 우리 부부는 감동하지 않을 수 없었다.

아내와 나는 그 마지막 장에 쓰인 글을 읽다가 누가 먼저랄 것도 없이 웃음을 거두고 서로 바라보았다. 아내의 눈에는 보일락 말락 눈물이 맺혀 있었고, 그런 아내의 눈을 보는 내 가슴에서도 뭐라 표현할 길 없는 진한 감동이 솟아올랐다.

우리 부부를 감동시킨 맨 마지막 장의 쿠폰 내용은 바로 '어머니를 진정으로 사랑하기'였고 유효 기간은 '영원히…'였다.

자녀가 부모의 감정을 잘 헤아려서 부모에게 감동을 준 사례였다.

이렇듯 12번 **높이 맞추기** 원리는 고객지향적이고 감성을 더할 수 있는 그런 원리이다. 12번 원리를 이용해 상대를 이해하기 위해 관심을 갖고, 찾아가고, 어떻게 하면 맞춤식으로 접근할 수 있을까를 고민한다면 감동을 이끌어 내고 더 좋은 아이디어를 낼 수 있지 않겠는가?

 관련 검색어

눈높이 맞추기, 스타골든벨 눈높이를 맞춰요, 세바퀴 스피드퀴즈, 2,000원으로 밥상 차리기, 밥숟가락 계량법, 친절해진 펀드운용보고서, 케서방 노잉, 캣츠 무대소품, 맞춤식

1. 자신이 알고 있는 것을 상대의 눈높이를 고려하여 알기 쉽게, 재미
   있게 상대에게 전달해보자.

2. 주변 사람과 스피드 퀴즈를 해보자.

3. 인터넷에서 '맞춤식'을 검색해 더 많은 사례를 찾아보자.

다른 사람들과는 반대로 하자

요즘 많은 젊은이들은 온라인 쇼핑을 즐겨 한다. 값도 훨씬 저렴할 뿐더러 종류도 많고 비교도 쉬우며 배송도 예전보다 빨라져서 대부분 다음 날이면 받아 볼 수 있는 장점이 있기 때문이다. 그런데 온라인 쇼핑몰을 이용하다 보면 느끼게 되는 불만이 있다. 독자 여러분도 공감이 가는 부분이 있는지 살펴보길 바란다.

"판매자들을 충분히 신뢰할 수가 없어."

"상품 후기들 조작하는 거 아니야?"

"판매자와 통화를 하고 싶은데 왜 이렇게 안 되는 거야!"

"반품/교환까지 엄청 힘들지 않을까?"

보통 많은 인터넷 쇼핑몰들은 여러 가지 다양한 종류의 상품을 구입할 수 있다는 장점은 있으나, 위와 같은 소비자들의 불만을 처리하기가 어렵다.

이것을 알기 쉽게 정리해보자.

여러 상품을 팔아야 한다.

이럴 경우 **유익한 기능**은 무엇일까?

→ 고객의 다양한 상품 필요를 충족시킬 수 있다.

그렇다면 이때 발생하는 **유해한 기능**은 무엇일까?

→ 고객에게 밀착된 서비스를 제공하기가 힘들다.

만약 하루에 한 가지 상품만 판다면 어떨까? 그렇다면 좀더 원하는 서비스에 가까이 갈 수 있지 않을까?

하루에 한 가지 상품만 파는 곳은 실제로 존재한다. '원어데이(www.oneaday.co.kr)'라는 쇼핑몰이다. 국내 최초의 인터넷 경매 사이트였던 '옥션'을 창업했던 이준희 대표가 창업한 이 쇼핑몰은 창업한 지 1년 반만에 약 370% 성장이라는 기염을 토해내며 빠르게 성장하고 있다.

원어데이는 상품스토리, 상품 상세정보, 판매리포트, 상품토크로 이루어져있는데 이 중 '상품토크'는 원어데이의 하이라이트다.

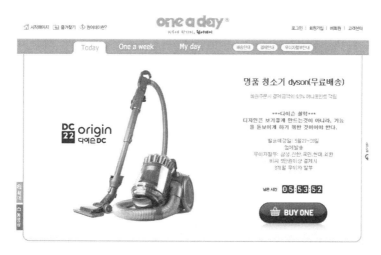

(이미지 출처 : 원어데이)

인터넷 쇼핑을 할 때 무척 중요하게 생각하는 것이 바로 '상품평'이다. 상품토크에서는 상세한 질의응답이 판매자와 상품MD를 통해 이루어지고 소비자들간의 비평과 분석, 다른 곳과의 가격비교 등이 매우 액티브하게 이루어진다. 심지어 가격흥정까지 하는 경우도 있다.

원어데이는 하루에 한 가지 상품만을 판매하다 보니 아래와 같은 특징을 갖게 되었다.
- 대량 구매가 가능해짐으로 인한 높은 가격 경쟁력을 가짐
- 판매 후 서비스, 고객 대응의 신속화와 고급화
- 하루에 한 공급업체를 관리하므로 가격조정 등 양질의 서비스를 제공하도록 관리 가능
- 하루 종일 한 가지 상품이 떠 있음으로 인해 광고효과의 극대화
- 소비자의 구매욕구변화에 빠르게 대응

유명 포탈사이트에 아무리 비싼 돈을 주고 광고를 한다 해도 하루 종일 자사의 상품을 노출시키기는 힘들지만 원어데이는 이것이 가능하다. 사람들의 욕구는 예전 소비자들에 비해 시시각각 변하므로 이것에 능동적으로 대응해야 하는데 여러 종류의 상품을 함께 파는 쇼핑몰은 빠르게 대처하기가 힘들다. 그러나 원어데이는 이것이 가능하다. 이것은 '인터넷 쇼핑몰은 여러 종류의 상품을 팔아야 한다'는 것을 '하루에 한 가지만 판다'고 역발상한 원어데이의 힘이라 할 수 있겠다.

미국의 잔디 깎기 기계 생산업체 토로(Toro)에는 '반대 전담 팀'이란 것이 있다.
어떤 사업을 추진할 때 철저히 반대 입장에서 사안을 바라보고 분석하는 일을 맡은 팀이다.

규모가 큰 제조업체가 토로에 인수합병 제안을 해왔을 때 켄 멜로즈 회장은 절호의 기회라는 생각을 하면서도 반대 전담 팀의 목소리를 유심히 들었다. 그리고 숙고 끝에 제안을 거부했다. 반대 팀이 철저하게 분석한 결과, 몇 년 사이 그 기업은 부진할 확률이 높았기 때문이다.

보수적이고 관료적인 조직 안에는 예스맨들이 넘쳐나는 이 때에 이런 반대 전담 팀을 만들어 보면 어떨까?

구성원이 만장일치로 찬성하는 사업은 절대 추진하지 않는다고 말했던 어느 기업의 정신을 새기면서 말이다.

'컴퓨터 게임을 많이 하면 운동 부족이 되기 쉽다'는 것이 통념이다. 이 통념을 뒤집은 닌텐도의 'Wii Fit' 역시 역발상의 대표적인 사례다.

'Wii Fit'은 컴퓨터 게임이 가만히 앉아 하는 정적인 활동이라는 고정관념을 뒤집어 땀이 나도록 몸을 움직여 운동하는 게임으로 바꾸었다. 뿐만 아니라 운동이 힘들고 지루한 것이 아니라 게임처럼 재미있는 것, 가족과 다 같이 운동을 하려면 밖으로 나가야만 할 것 같지만 게임기기로 온 가족이 집 안에서 즐겁게 운동할 수 있다는 것을 보여주었다.

인사동에 갔더니 청년들이 똥빵을 팔고 있었다.

'똥'은 일반적으로 더러운 것으로 인식되어 있다. 그런데 이 더러운(?) 것을 먹을 거리에 과감히 도입한 것이다. 지나가는 사람들이 재미있어 하고 또 한번쯤 쳐다보고 가는 것을 볼 수가 있었다.

쌈지의 하위 브랜드 '딸기'는 똥을 이용해서 올림픽 공원 안에 '어린 농부, 딸기가 좋아'라는 놀이, 체험, 문화, 교육 등이 어우러진 캐릭터 복합 문화 공간을 만들었다. '똥파리가 날아 다니는 똥방'이나 '건강한 똥 발효실' 같은 재미있는 조형물을 만들어 놓은 것이다. 이곳에서는 쌈지가 직접 재배한 유기농 식품들을 맛볼 수도 있다.

자녀가 있으신 분들은 놀러 가 보는 것도 좋을 듯 하다.

 관련 검색어

반대로 하기, 역발상, 원어데이, Wii Fit, 똥빵, 어린 농부 딸기가 좋아

1. 여태까지 살아오면서 반대로 뒤집었더니 문제가 해결되었던 경험이 있다면 적어보자.

2. 반대로 하기 / 역발상으로 해석해 볼 수 있는 제품을 찾아보자.

3. 인터넷에 '반대로 하기'를 검색해 더 많은 사례를 찾아보자.

14. 구형화 / 곡선화
형태를 구형이나 곡선으로 바꾸자

우리 주변은 수도 없이 많은 직선과 곡선으로 둘러 쌓여있다. 우리가 보는 자연물들은 대부분 곡선으로 나타난다. 구불구불한 강물이나 부드러운 곡선으로 이루어진 잎의 형태, 곡선으로 이루어진 생물체들의 모양새.

공장에서 만든 물건들은 웬만하면 직선으로 만들어졌는데, 그것은 기계들이 똑같은 것을 만들기에는 직선이 더 쉽기 때문이다. 직선은 인간이 만들어낸 인공적인 형태인 것이다.

사진은 흔히 볼 수 있는 아파트 입구의 모습이다. 오른쪽을 보면 곡선으로 만들어진 길이 있다. 직선으로 된 계단만 만들지 왜 굳이 곡선으로 된 길을 만든 걸까? 직선으로 된 계단은 유모차를 끌고 가는 아기 엄마들이나 휠체어를 탄 장애인, 노인들에게는 적합하지 않다.

그래서 평평한 언덕모양으로 된 길이 필요한데 이것을 직선으로 평평하게 만들자면 더 많은 공간이 필요하게 된다. 대신 곡선으로 설계함으로써 공간 효율성을 높여주었다.

'핑킹가위(Pinking scissors)' 혹은 '모양가위'라는 것을 들어보셨는지 모르겠다. 여러 가지 모양의 날을 가진 가위다. 이런 가위가 나오게 된 이유가 있다. 이것을 알기 쉽게 정리해보자.

가위를 사용한다.

이럴 경우 **유익한 기능**은 무엇일까?
→ 종이를 자를 수 있다.

그렇다면 이때 발생하는 **유해한 기능**은 무엇일까?
→ 원하는 모양으로 자르는 데 시간이 오래 걸린다.

예쁘게 구불구불한 모양으로 종이를 잘라 카드를 만들고 싶다고 할 때 직선으로 자르는 일반 가위를 사용하면 시간이 오래 걸리고 원하는 모양이 나오지 않을 수도 있다.

그러나 핑킹가위는 날 자체가 구불구불한 모양으로 되어 있어 빠른 시간에 고른 모양으로 자를 수 있도록 해준다.

직선 같은 성격의 사람이 있다. 할 말은 직설적으로 퍼부어야 성질이 풀리는 사람을 보면 '다른 사람은 생각도 안 하나?'는 생각이 든다. 하지만 이런 사람들은 뒤끝이 없다. 솔직하게 말해버리니까.

되도록이면 돌려서 둥글둥글하게 이야기 하는 사람은 듣는 사람을 무척 편안하게 한다. 신경을 거슬리는 이야기를 잘 안 하니까. 그래. 이래서 직선도 필요하고 곡선도 필요한 모양이다.

그러나 너무 직선적으로 말하는 것은 갈등을 일으킬 수 있다. 이럴 때

'쿠션용어'를 사용하면 직선적인 말들이 곡선을 그리며 부드럽게 바뀔 수 있다.

다른 사람에게 부탁할 때 "이것 좀 해주세요."라고 말하는 것은 조금 딱딱하다. 반면 "바쁘시겠지만 이것 좀 해주실 수 있으세요? 과장님이 이 분야는 잘하시잖아요~"라고 하면 훨씬 부드럽지 않은가? 바로 이런 '바쁘시겠지만'과 같은 표현들을 쿠션용어라고 한다.

여러분이 침대 위에 있다가 굴러 떨어졌다고 가정해보자. 딱딱한 맨바닥에 부딪히면 아프지만 그곳에 푹신한 쿠션이 있다면 아픔을 줄일 수 있다. 이렇게 쿠션용어는 갈등을 부드럽게 만들어주는 기능을 하는 재치 있고 부드러운 말이다.

직업이 강사인 필자는 교재원고를 미리 교육담당자에게 넘겨주어야 한다. 그런데 필자가 깜빡 하여 제 날짜에 교재원고를 넘기지 못한 때가 있었다. 이럴 때 여러분이 교육담당자라면 어떻게 할 것인가?
"강사님, 원고 안 보내주셨는데요? 빨리 넘겨주셔야죠!"라고 할 수도 있고
"정말 이러실 거예요?!"라고 화를 낼 수도 있을 것이다.

필자에게 문자 메시지 한 통이 날아왔다.
'이 가을이 넘 아름다워 원고 보내시는 것 잊으신 거지요?^^
오늘도 원고를 기다리는 OOO 올림'

얼마나 예쁜 내용의 문자였던지.
'원고 주세요!'라는 직선적인 말을 '이 가을이 넘 아름다워 잊으셨냐'는 곡선적인 말로 돌려 전달한 교육담당자의 센스에 미소가 지어졌고 곧바로 총알같이 달려가 작업을 마무리한 후 대단히 죄송하다는 내용과 함께

원고를 송부했다. 수 년이 지난 지금도 필자에게 감동으로 남아 있는 일화다.

교육담당자의 따뜻했던 문자 메시지 덕에 낙엽이 지는 가을이 되면 가끔 이 일이 생각나곤 한다.

 관련 검색어

구형, 곡선, 핑킹가위, 쿠션용어, 둥글게, 돌려 말하기

1. 업무와 관련하여(또는 학교에서) 만나는 사람들과의 관계 속에서 필요한 쿠션용어 3가지를 적어보자.

2. 우리 주변에서 구형화나 곡선화가 이용된 상품에는 어떤 것이 있는지 찾아보자.

3. 인터넷에서 '둥글게'를 검색해 더 많은 사례를 찾아보자.

15. 역동성
움직이게 하자

역 동성의 원리는 물체의 특성이나 외부환경을 각 동작단계마다 최상이 되도록 가변시키거나, 물체를 서로 상대적으로 움직이도록 분리하거나, 물체를 가변되게 하거나 움직이게 하는 것을 말한다.

위의 사진은 필자의 지인 중 한 분이 외국 여행 중 촬영한 입간판의 모습이다. 다른 입간판과는 달리 다리가 스프링으로 되어 있어 바람이 심하게 불어도 유연하게 움직이기 때문에 잘 쓰러지지 않는다. 왜 이렇게 만들었을까?

이것을 알기 쉽게 정리해보자.

입간판은 다리가 고정되어 있어야 한다.

이럴 경우 **유익한 기능**은 무엇일까?
→ 잘 넘어지지 않으므로 안정성이 확보된다.

그렇다면 이때 발생하는 **유해한 기능**은 무엇일까?
→ 바람이 불거나 무엇과 충돌하면 부러지기 쉽다.

따라서 다리를 스프링으로 만들면 이러한 문제를 해결할 수 있다. 이 스프링은 일정 수준 이상의 힘이 걸릴 때 휘어져 다리가 부러지는 것을 막아준다.

휴대성을 높인 접이식 침대는 움직이지 않도록 설계된 침대를 움직일 수 있도록 만들어 놓은 것이다. 접었다 폈다 할 수 있어 공간 활용에 아주 좋다.

음료를 마실 때도 역동성을 만날 수 있다.

보통 음료를 마실 때 빨대를 사용하게 되는데 초기의 빨대는 반듯한 일자형으로 되어 있었지만 후에 구부러지도록(움직이도록) 역동성이 가미된 빨대가 발명되었다.

역동성을 이용한 제품을 하나 더 소개해 보도록 하겠다.

2006년 9월, 미국에서는 한 인형을 구입하기 위한 쟁탈전이 벌어졌다. 인기가 너무나도 많았던 이 인형을 구입하기 위해 한 남성이 아침 일찍 가게문이 열리자마자 마지막 남은 인형을 구입했는데 옆에 있던 또 다른 남성이 자신에게 장전된 총기가 있다며 인형 구입을 포기하라고 협박했다. 다행히 총기싸움은 일어나지 않았지만 이 인형의 인기가 얼마만큼이었는지를 가늠하게 해준다.

총기 위협까지 할 만큼 매력적이라는 이 인형, 도대체 어떤 인형일까? 바로 미국 피셔 프라이스사가 내놓은 T.M.X(티클미 엘모 익스트림) 인형이다.

유아 프로그램 '세서미 스트리트(Sesame Street)'에 나오는 엘모 인형에 역동성이 가미된 것이다. 최초로 출시되었던 엘모 인형은 다른 인형과 마찬가지로 움직이지 않는 평범한 인형이었다. 다만 엘모라는 캐릭터가 아이들에게 인기 있어 잘 팔렸을 뿐이다.

다음으로 1996년 타이코에서 티클 미 엘모(Tickle Me Elmo) 인형을 내놓았는데 이 인형은 누르면 깔깔 대고 웃는다. 귀여운 엘모 캐릭터와 잘 맞아 떨어진 웃음 소리를 넣음으로써 역동성을 보여준 인형이라고 할 수 있다.

여기에 더욱 역동성을 가미한 제품이 앞에서 소개한 티클미 엘모 익스트림 인형이다. 발과 배, 턱 부분을 누르면 깔깔대면서 인형이 웃는다. 바닥을 치면서 웃기도 하고 바닥을 뒹굴뒹굴 구르기도 한다. 뿐만 아니라 자기 스스로 일어나기까지 한다. 전문가들은 '티클 미 엘모' 인형이 장난

감의 혁신이라며 찬사를 금치 못했다.

권총으로 사람을 위협까지 하게 한 역동성이 넘치는 재미있는 인형. 역동성이 가지는 위력을 보여준 제품이었다.

최근 젊은이들이 이용하는 모바일 메신저(휴대폰 간에 즐기는 메신저로, 상대방과 내 휴대폰으로 문자 대화뿐만 아니라 이모티콘, 플래시콘, 사진 등을 실시간으로 교환하여 채팅할 수 있는 메신저 서비스)나 네이트온에는 상대방과 이야기할 때 사용할 수 있는 '플래시콘'이 있다.

'그림 우위의 효과'라는 것이 있다. 단어보다 그림이 기억에 남는다는 것이다. <디자인의 보편적 원리(Universal Principles of Design)>의 저자 리드웰, 홀든, 버틀러는 "중요한 정보에 대한 인식과 기억을 향상시키고 싶다면 그림 우위 효과를 이용하라."고 했다.

글자로 '나 슬퍼……'라고 써 보낼 때는 그 감정이 잘 전달되지 않을 수 있다. 그러나 플래시콘을 이용하면 보다 역동적으로 이것을 전달할 수 있다. 플래시콘 종류 중에서 '훌쩍'을 클릭하면 귀여운 캐릭터가 나와서 훌쩍훌쩍 우는 동작을 보여준다. 물론 소리까지 함께 말이다. 이것 말고도 '사랑, 뽀뽀, 안녕, 미워' 등등 다양한 동작을 표현할 수 있다.

그럼 이제 예술로 넘어가 보자. '안나 네트렙코'라는 가수가 있다. 러시아 출신으로 타임지가 선정한 2007년 가장 영향력 있는 인물 100명에 선정될 만큼 대단한 영향력을 끼치고 있는 디바(뛰어난 여자 가수나 여배우)이다. 그녀의 공연에서는 역동성이 묻어난다.

2007년 8월 독일에서 있었던 바덴바덴 콘서트, 그녀의 앵콜 무대가 이어지고 있었다. '내 입술, 그 입맞춤은 뜨겁고'란 곡을 부르며 그녀는 꽃다발의 꽃을 한 송이씩 빼서 남성 관객들에게 나누어 주었다. 그런데 너무 충격적이었던 장면은 신이 난 그녀가 신고 있던 구두를 한 짝씩 벗어 던지고 춤을 추는 모습이었다. 성악가가 무대에서 구두를 벗어 던지고 춤을 추다니!

열정적으로 춤을 추던 그녀는 다시 목소리를 가다듬고 바닥에 누워서 노래를 하기도 하고 다시 춤을 추며 시종일관 카리스마 넘치는 역동적인 모습을 보여주었다. 왜 그녀가 인기가 있는지 알 수 있는 대목이었다.

한편 정지해 있는 미술 그림들이 움직인다면 어떻게 될까?

이것을 홀로그램, 3D영상, 특수효과 등 첨단 미디어 아트 기법을 이용해 실현시킨 것이 바로 '살아있는 미술관'이다. 전세계 최초로 모나리자에게 말을 걸어 볼 수 있었던 전시회였다. 레오나르도 다빈치 작품 <모나리자>에게 말을 걸면 음성인식 기술이 부착된 <모나리자>가 관람객들에게 대답하고 손과 목 등을 움직여 인사를 하며 윙크도 한다.

또한 2차원적 그림을 3차원적 공간으로 연출한 반 고흐의 <밤의 카페 테라스>는 그림 속으로 빨려들어간 느낌을 갖게 한다.

그 외에도 미켈란젤로, 레오나르도 다빈치, 라파엘로 등 르네상스 대가들이 영상으로 본인의 작품을 설명한다. 미켈란젤로의 <천지창조>, 밀로의 <비너스>, 다빈치의 <최후의 만찬>, 몬드리안의 <나무 연작> 등 다양한 명화를 즐길 수 있다. 이 움직이는 그림들을 보며 어른들도 좋아했지만 아이들이 무척 신나했다. 미술작품이 본인에게 말을 걸고 윙크를 하는 등 역동적으로 다가오니 얼마나 재미있겠는가? 국내에서 2008년 2월 개관한 이후 약 15만 명의 관람객이 다녀갔고 그 인기에 힘입어 전시회가 외국으로 수출까지 된다고 한다.

피아노를 처음 배울 당시 무척 신기했던 것이 있다. 아직 콩나물(음표)을 보는 것에 익숙하지 않았던 그 때 콩나물 위에 붙어있는 점과 그 점이 만들어내는 음이 무척 신기했다.

"선생님, 이 점은 뭐예요?"

"그건 스타카토야. 스타카토란 원래 음의 길이를 절반 정도로 끊어서 내는 거야. 통통 쳐봐."

지긋이 눌러서 내는 피아노 음과는 뭔가 달랐다. 더 역동적이고 가만히 있는 것을 잠시도 참지 못하고 확 튀어 오르는 왈가닥 아가씨 같기도 하고.

역동성은 정적인 것들을 재미있게 만들어 주는 마법 같은 원리다.

 관련 검색어

역동성, 움직이게, 입간판, 접이식 침대, 주름 빨대, 엘모 인형(또는 티클미 엘모 익스트림), 모바일 메신저, 플래시콘, 살아있는 미술관, 스타카토

1. 휴대폰에 역동성을 가미한다면 어떤 휴대폰을 만들 수 있을지를 상상해보자.

2. 백화점이나 마트에 갈 일이 있을 때 접이식 침대를 구경해보자.

3. 인터넷에서 '엘모인형' 키워드로 동영상을 검색해 역동성을 부여한 인형을 감상해보자.

16. 과부족 조치
더 많거나 더 적게 하자

과부족 조치는 원하는 효과를 얻기 위해 비싼 대가를 치르기보다 '조금 더' 또는 '조금 덜'하는 방법으로 해결하는 것이다.

다음 넌센스 퀴즈를 풀어보자.
'중학생, 고등학생이 타고 다니는 차는?'
답은 뭘까?

중고차다.

TV, 신문, 인터넷 등을 통해서 퀴즈를 많이 접하게 되는데 퀴즈란 것이 사람에 따라 쉬울 수도 있고, 어려울 수도 있다. 쉽게 풀지 못하는 사람들에게는 정답처럼 100% 다 알려주는 것은 아니지만 문제해결에 실마리를 주는 힌트가 필요하다. 그렇게 하면 비교적 쉽게 문제를 풀어낼 수 있다. '조금 덜'하는 방법으로 문제를 해결한 과부족 조치의 사례이다.

이와 비슷한 예로는 100% 능력을 모두 보여주지 않고 80% 능력만 보여준다든지(100%의 능력을 모두 보여주게 되면 상대방의 기대수치가 120%까지 올라가기 때문) 하는 것이다.

학창시절을 한 번 떠올려 보자.

새 학기 첫 날에 설렘 반, 걱정 반으로 앉아있는데 새로운 선생님이 들어오셨다. 엄청 무서운 선생님이신 것 같았다. 학생들을 혼내는 것도 그렇고, 말씀하시는 것도 그렇고. 그런데 시간이 흐를수록 처음에 보여주셨던 엄격함은 사라지고 생활이 어려운 학생들을 눈물로 도와주기도 하시는 정말 따뜻한 선생님이셨다. 알고 보니 기선을 잡으려고 초반에 과하도록 무섭게 대하셨던 것이라 하셨다. 이런 모습은 비단 학교뿐만 아니라 회사 등 여러 곳에서 선배들이 후배들을 잘 이끌어주기 위해 취하는 과부족 조치의 일환이다.

프레젠테이션에서도 이 과부족 조치는 유용하게 사용될 수 있다. 프레젠테이션의 달인이라 불리는 애플 CEO 스티브 잡스. 그의 프레젠테이션은 3분에 1,000억 원을 번다고 할 정도로 마법의 쇼에 가깝다. 그토록 뛰어난 프레젠터인 스티브 잡스도 아무런 연습 없이 멋진 프레젠테이션을 할 수 있는 것은 아니다. 치밀한 내용구성과 리허설에 의해서 완벽한 하나의 무대가 탄생하는 것이다. 그는 중요한 연설을 하기 전에 연설을 하게 될 방에서 오랫동안 준비한다고 한다.

리허설은 프레젠테이션에 있어서 필수적인 요소이다.

여러분의 프레젠테이션 능력은 어떠한가?
내용을 쉽게 전달하는 능력이 있는가?
재미있게 진행할 수 있는 능력이 있는가?
유용하게 콘텐츠를 전달할 수 있는 능력이 있는가?

그런데 재미있게 진행할 수 있는 능력을 갖추기란 쉽지가 않다. 과묵하고 조용한 성격인 사람이 어떻게 강호동처럼 역동적이고 활달하게 진행하는 것을 단시간 내에 습득할 수 있겠는가?

이런 경우 처방은 리허설에서 과하게 해보라는 것이다. 리허설 때 본인 스스로는 어색하고 이렇게 하면 안 된다는 생각이 들지 몰라도 과장하면 서 좀 심하다 싶을 정도로 깔깔대보고 손도 휘휘 저어보고 하는 일련의 행동들을 해본다. 이렇게 하는 이유는 실전에 가면 더 약해질 가능성이 높아지기 때문이다.

아무리 리허설 때 강하게 연습을 해도 실전에 들어가면 긴장이 커지고 본인이 기존에 해왔던 방식이 있기 때문에 리허설 강도보다는 약해진다. 또한 청중들이 많을 경우 웬만큼 발표자가 크게 액션을 취하지 않으면 그 것을 그리 크게 느끼지 않는다. 발표하는 자신은 굉장히 크고 민망하게 느낄지 몰라도 청중들은 발표자의 강도의 반도 느끼지 못한다. 리허설에 서 과하게 해보는 것은 재미있게 프레젠테이션을 하고 싶은 사람에게 추 천하고 싶은 방법이다.

기업체에서 시장에 신제품을 출시할 때는 모든 미디어를 동원해 융단 폭격식 광고를 하곤 한다. 처음 진입이 그만큼 중요하기 때문이다.
여러분이 하루에도 몇 번씩 같은 광고를 보고 있다면 어쩌면 융단 폭 격식 광고를 보고 있는지도 모른다.

동물들도 이러한 과부족 조치를 취하곤 한다. 동물들이 새끼를 낳는 방 법에는 두 가지가 있는데, 알을 낳는 난생(卵生)과 새끼를 낳는 태생(胎 生)이다. 곤충, 물고기, 뱀, 새 등은 알을 낳는 난생을 하는데 이 알에는 양분이 많아 많은 적들이 노린다. 한 두 개의 알만 낳으면 부화가 되기도 전에 잡아 먹힐 가능성이 크다. 그렇기 때문에 동물들은 알을 좀 과하게 낳는다. 수십 개에서 수천 개까지의 알을 과하게 많이 낳아 생존 확률을 높인다.

세계에서 알을 가장 많이 낳는 동물은 물고기 개복치로 무려 3억 개의 알을 낳는다고 한다. 정말 엄청난 숫자가 아닐 수 없다. 이렇게 동물들이 생존확률을 높이기 위해 과하게 알을 낳는다면 사람은 물건을 담을 때 과하게 담곤 한다.

'되', 어린 시절 보신 분들이 많을 것이다.

땅콩이나 곡물을 되로 팔 때에 일단 수북이 담은 다음 적정량을 맞추기 위해 좀 덜어낸다. 되 말고도 우리는 소금이나 밀가루 등을 음식에 넣기 위해 숟가락으로 담을 때도 과하게 수북이 담았다가 약간 덜어내는 식으로 뜬다. 더 찾아보면 많을 것이다.

독자 여러분은 자신이 속한 곳에서 아이디어가 필요할 때 브레인스토밍(Brainstorming)을 많이 하는지 모르겠다. 브레인스토밍은 광고회사의 알렉스 오스번이 창안한 기법으로 자유분방하게 아이디어를 내게 하여 다양한 관점을 들어 볼 수 있다는 강점이 있는 기법이다.

브레인스토밍은 다음과 같은 4가지 규칙을 따른다.

'자유분방, 비판금지, 양을 추구, 편승개선'

이 규칙을 어긴다면 그것은 브레인스토밍이 아니다. 브레인스토밍은 무작위로 많은 양의 아이디어를 과하게 쏟아내는 것을 원칙으로 한다.

비판금지 규칙은 다른 사람의 아이디어를 절대 비판하지 말라는 것이다. 누군가가 다른 사람의 아이디어에 비판을 하게 되면 상처를 받거나 위축이 되어 더 이상 아이디어가 쏟아져 나오지 않을지도 모르기 때문이다.

또한 자유분방의 규칙은 어떤 아이디어라도 좋으니 자유롭게 아무것에도 제약 받지 말고 아이디어를 내는 것이다. '이 아이디어가 제대로 된 아이디어인가?' 이렇게 스스로 검증하기 시작하면 한 차례 생각을 거르게 되고 그러면 많은 아이디어를 내는 것에 제약을 받는다.

양을 추구하는 규칙은 양적으로 아이디어를 많이 내다보면 질적으로 높은 아이디어를 건질 확률이 높아진다는 것이다.

편승개선의 규칙은 다른 사람의 아이디어를 들어보고 그것을 수정하거나 개선하면서 다른 사람의 아이디어에 편승하라는 규칙이다. 아무것도 없는 상태에서 아이디어를 내는 것은 쉽지 않다. 그렇기 때문에 다른 사람의 아이디어에서 힌트를 얻으라는 것이다. 그렇게 되면 좀더 쉽게 많은 양의 아이디어를 술술 뽑아낼 수 있게 된다.

왜 이렇게 하게 되었을까? 이것을 알기 쉽게 정리해보자.

아이디어를 중간중간 평가하여 거르면서 아이디어를 내게 한다.

> 이럴 경우 **유익한 기능**은 무엇일까?
> → 쓸데 없는 아이디어가 나올 확률이 줄어든다.

> 그렇다면 이때 발생하는 **유해한 기능**은 무엇일까?
> → 본인 스스로 아이디어를 평가하면서 '이 아이디어는 내면 안 되겠지'하는 생각에 무수히 떠오르는 아이디어를 사장시킬 수 있다.

이러한 유해한 기능을 없애기 위해 브레인스토밍의 규칙들이 생긴 것이다. 평가 때문에 현저히 적게 나오는 아이디어에서 골라내는 것보다 많은 양의 아이디어에서 골라내는 것이 양질의 아이디어를 뽑아낼 확률이 높기 때문이다.

옛날 옛적 외적으로부터 우리 하늘을 지켰다는 '장산곶매'는 사냥하기 전 부리로 둥지를 깨부순다고 한다. 그만큼 장렬한 각오를 하고 사냥에 나서는 것이다. 좀 과한 조치일 수 있지만 적당히 해서 원하는 것을 100% 달성할 수 없다면 이렇게 지독할 정도로 더 해야 원하는 것을 얻을 수 있다고 판단했을 것이다.

 관련 검색어

조금 더, 조금 덜, 퀴즈 힌트, 기선제압, 프레젠테이션 리허설, 융단 폭격식 광고, 개복치 알, 과하게, 되, 브레인스토밍 규칙

1. 융단폭격식 광고 사례를 찾아보자.

2. 팀을 구성해 브레인스토밍의 규칙에 맞게 브레인스토밍을 해보자.

3. 인터넷에서 '과하게'를 검색해 더 많은 사례를 찾아보자.

17. 차원 바꾸기
공간에 변화를 주자

여름에 카디건이 의외로 잘 팔린다고 한다. 알고 보니 요즘 에어컨 바람이 너무 강해서 바람막이용으로 얇게 만든 카디건이 필요하기 때문이란다. 직장이나 학교, 또는 자신이 자주 가는 곳에 있는 에어컨이 어떤 형태로 설치되어 있는지 살펴본 적이 있는지 모르겠다. 예전에는 넓은 공간에 스탠드형을 대부분 설치했다.

스탠드형은 시원한 바람을 제공하는 본래의 기능은 좋았으나 공간을 많이 차지하는 단점이 있었다. 이 문제를 해결한 것이 천장형 에어컨이다. 이렇게 수직차원에서 수평차원으로 바꾸거나, 2차원을 3차원으로 바꾸는 것은 17번 **차원 바꾸기**의 사례 중 하나다.

전세계적으로 식량 부족, 물 부족 등이 문제가 되고 있다. 이 식량 부족을 차원을 바꾸어 해결하려는 움직임이 일고 있는데 미국 컬럼비아대학의 환경과학자 딕슨 데스포미어 박사가 제시하는 '수직농경'이라는 혁신적인 개념이다. 도심의 고층빌딩에서 각종 농작물과 수산물, 그리고 축산물을 재배하는 것으로, 농경지가 층층이 수직으로 되어 있다고 해서 '버티컬 팜(Vertical Farm)'이라고도 불린다.

이것을 알기 쉽게 정리해보자.

일반 농지에서 경작을 한다.

이럴 경우 **유익한 기능**은 무엇일까?
→ 쌀과 야채 등 먹거리를 재배할 수 있다.

그렇다면 이때 발생하는 **유해한 기능**은 무엇일까?
→ 자연 재해 및 농경지 부족으로 충분한 식량 제공이 힘들다.

전통 농경법에 비해 수직농경은 빌딩의 층수를 높일 수가 있기 때문에 동일한 면적을 가지고도 수십 배 이상 많은 농지를 확보할 수 있다.

이 새로운 농경모델이 실제로 실현된다면 미국과 유럽, 아시아의 대도시는 물론이고 사막이 대부분인 척박한 곳에서도 농사를 가능하게 할 것이다. 데스포미어 교수는 "58층짜리 빌딩을 지으면 연간 3만 5천 명에게 공급할 음식을 생산할 수 있다"고 추정하기도 했다. 실로 대단한 아이디어가 아닐 수 없다.

이렇게 차원을 바꾸는 것은 아이들이 보는 동화책에도 적용되고 있다. 로버트 사부다라는 이름을 들어본 적이 있는가? 팝업북(Pop-up Book)의 마술사로 불리는 이 사람은 팝업북계에서는 이름만 대면 알 정도로 유명한 인물이다. 팝업북이란 그림이 입체적으로 튀어나오는 책을 말하는데, 하마가 입을 벌린다거나 꽃이 돌아가거나 하는 것들을 어린이책에서 많이 볼 수 있다.

그러나 팝업북을 그저 어린아이들이 가지고 노는 책이라고 생각하면 큰 오산이다. 최근에는 이 팝업북에 푹 빠져있는 어른들도 많기 때문이다. 오죽하면 "나는 팝업북에 탐닉한다"라는 제목의 책까지 출판되었을까?

루이스 캐럴 원작의 '이상한 나라의 앨리스'라는 유명한 동화를 많이 알고 있을 것이다. 원작에 보면 마지막 부분에서 앨리스가 하트의 여왕으로부터 도망치는 장면이 나오는데 이 부분을 옮겨보면 다음과 같다.

'그러자 카드들이 모두 공중으로 솟구쳤다가 앨리스를 향해서 쏟아졌다. 앨리스는 겁이 나는 한편 화가 나서 낮은 비명을 지르며 카드들을 후려쳐서 떨어뜨리려고 했다.'

이 장면을 상상해보자. 우리는 대개 글을 읽고 삽화를 보면서 책에 나오는 장면을 상상하지만, 로버트 사부다의 팝업북 세계로 들어가보면 전혀 다른 차원의 방법을 만나게 된다.

놀랍지 않은가? 실제로 보면 그 정교함에 더 놀라게 된다. 단순히 글이나 삽화 정도로만 표현되었던 2차원 평면에서 3차원으로 입체화한 팝업북은 마니아들을 양산해내고 있다.

자녀나 조카의 선물로 아주 제격이다. 그러나 아이의 연령대가 너무 어리다면 자중하는 것이 좋겠다. 받자마자 이 귀한 그림을 찢어버릴지도 모르니 말이다.

어릴 적에 수련회나 캠프에 가면 햄버거 또는 샌드위치라고 불리는 놀이를 하곤 했다. 한 명이 먼저 엎드리면 그 위에 한 명이 올라가고, 또 그 위에 올라가는 것이다. 이렇게 겹쳐지고 또 겹쳐지는 다층구조를 활용하는 것 또한 차원 바꾸기의 일환이다.

 관련 검색어

수직차원에서 수평차원으로, 2차원에서 3차원으로, 천장형 에어컨, 딕슨 데스포미어, 수직농경, 로버트 사부다, 팝업북, 입체적, 이상한 나라의 앨리스, 샌드위치 놀이

1. 여러분에게 어떤 것이든 차원을 바꿀 수 있는 능력('스탠드형 에어컨 → 천장형 에어컨' 또는 '글 문장 → 입체적인 그림')이 생긴다면 어떤 것을 바꿔볼 것인지, 바꾼다면 이전과 비교해 어떤 점이 좋아지는지 나눠보자.

2. 샌드위치처럼 겹겹이 쌓아서 해결할 수 있는 문제를 찾아보자.

3. 인터넷에서 '팝업북'을 검색해 더 많은 사례를 찾아보자.

18. 기계적 진동
진동을 이용하자

매혹적인 떨림 진동. 게임기기에서는 이 진동이 심심치 않게 쓰인다. 벽을 향해 달려가다가 부딪히거나 적에게 당했을 때 컨트롤러에서는 우우웅하고 진동이 울린다. 이렇게 찌릿찌릿 느껴지는 진동은 우리에게 리얼리티를 선사하곤 한다.

18번 **기계적 진동**은 이런 뜻이다. 진동을 이용하거나, 이미 진동이 있다면 그 진동수를 초음파까지 증가시키거나, 공명 주파수를 이용하거나, 기계적 진동을 압전(Piezo) 진동으로 바꾸거나, 초음파 진동을 전자기장과 연계하여 이용한다.

이렇게 이야기하면 굉장히 어려운 것 같지만 대부분의 사람은 날마다 진동을 체험하고 있다. 바로 여러분의 휴대폰이다. 벨 소리는 주변 사람들에게 피해를 주고, 아무 소리도 안 나게 하면 전화가 왔는지 알 수가 없으니 진동으로 알려주게 만든 것이다.

진동은 사실감과 재미를 느끼게 하는 데에도 사용된다.

　요즘 DVD방에는 진동의자를 설치해 놓았다. 중요한 순간이 되면 진동을 느낄 수 있도록 해서 고객들이 재미를 느끼게끔 만들었다. 진동앰프로 강약 조절도 가능하다고 하니 진동으로 너무 머리가 아프다 하는 분은 약하게 즐겨보는 것도 괜찮을 것이다.

　위의 사진은 필자가 지방에 갔을 때 찍었던 사진이다. 이렇게 진동을 체험해 볼 수 있는 곳도 있다.

진동수를 초음파까지 증가시켜 이것을 이용해 우리 주변에서 쉽게 접할 수 있는 초음파를 이용한 제품들이 탄생하게 된다.

안경을 계속 사용하면 오물이 붙게 된다. 수건으로 닦기는 하지만 완전하게 닦이지는 않는다. 오물이 렌즈 표면에 안정적으로 붙어 있기 때문이다. 이 경우 세척기를 사용하거나 초음파 세척기를 사용하면 좀 더 깨끗하게 세척할 수 있다. 초음파의 진동이 오물과 접착면의 상태를 불안정하게 만들어 오물이 떨어지게 한다.

이것을 알기 쉽게 정리해보자.

수건으로 안경을 닦는다.

이럴 경우 **유익한 기능**은 무엇일까?
→ 오물을 제거할 수 있다.

그렇다면 이때 발생하는 **유해한 기능**은 무엇일까?
→ 매우 깨끗하게 오물제거가 되지는 않는다.

초음파 세척은 물질을 강하게 흔드는 진동을 이용하는 제품이다. 용기에 물을 채우고 그 밑바닥에 초음파를 발생시키면 물은 심하게 진동하며 물보라가 떠오른다. 이 물속에 더러운 것을 넣어두면 초음파의 작용에 의하여 세척이 된다.

이러한 원리를 응용한 초음파 세탁기도 나와 있다고 한다.

초음파 야채과일 세척기 역시 초음파 하면 빠질 수 없는 제품이다. 초음파 야채과일 세척기는 고객이 넣은 내용물을 스스로 감지해 가장 적합한 주파수로 작동하며 균일하게 세척해준다.

임산부들은 산부인과에 가서 태아가 잘 있는지를 알기 위해 초음파를 이용한 검사를 받는다. 초음파를 복부에 발생시켜 태아로부터 반사되어 온 음파를 분석하여 아기의 모습을 모니터로 보는 것이다. 초음파는 이렇게 다양하게 우리 생활에서 사용된다.

한편 더운 여름에 골치 아픈 것 중 하나가 모기다. 모기에 물리는 것을 예방하기 위한 제품은 여러 가지가 나와 있는데 초음파도 여기에 이용된다고 한다. 사람의 피를 빠는 것은 수컷이 아니라 암컷이라는 것은 상식이다. 모기의 암컷은 알을 낳을 때가 되면 수컷 모기를 피하는 성질이 있다.

이것을 이용하여 수컷 모기가 내는 초음파를 방안에서 발생시킨다면 어떻게 되겠는가? 암컷 모기는 수컷 모기가 있다는 생각에 접근하지 않을 것이다.

우리의 안전한 여름을 책임지는 데도 진동이 일조하고 있지만, 치아 건강 유지에도 도움을 준다.

나이가 들면 들수록 치아 건강이 얼마나 중요한지를 느끼게 된다. 다양한 종류의 칫솔이 나와 있지만 그 중에서 진동을 이용한 진동칫솔이 있다. 진동칫솔을 사용하는 이유는 1분에 약 5,400회~24,000회 정도 칫솔모가 회전을 해서 양치를 해주기 때문이다. 사람이 아무리 빨리 양치질을 한다고 해도 그 정도 횟수는 할 수 없을 테니 말이다.

아기를 키워보았으면 알겠지만 아기를 재우는 일은 정말 쉬운 일이 아니다. 이런 분들께는 '진동기능'이 있는 바운서(Bouncer)가 있다면 더 편해질 수 있을 것 같다. 바운서 내의 진동기능이 엄마가 흔들어주는 수고를 조금이나마 대신해 줄 수 있는 것이다. 아기는 엄마가 흔들어주고 토닥토닥 해줄 때 안정감을 느낀다고 한다. 물론 엄마 품만은 못하겠지만 아기엄마들의 고생을 덜어주는 데에도 한 역할 해주는 진동기능에 박수를 보낸다.

 관련 검색어

진동, 진동 DVD방, 진동의자, 초음파 세척기, 진동칫솔, 떨림, 흔들

1. 주변에서 기계적 진동을 이용한 제품들이 그밖에 어떤 것들이 있는 가 찾아보자.

2. 진동 안마기나 진동의자를 마트나 백화점에 가서 체험해보자.

3. 인터넷에서 '초음파'를 이용한 기기들을 검색해보자.

19. 주기적 작동
계속하는 것을 끊자

'**아**침이슬', '사랑 그 쓸쓸함에 대하여' 등의 히트곡을 가지고 있는 가수 양희은 씨가 2004년 '양희은의 엄마의 겨울방학' 콘서트를 연 적이 있다. TV에서 이런 콘서트를 기획하게 된 취지를 묻자, 양희은 씨는 애들은 방학이 있는데 엄마들은 방학이 없어서 이런 콘서트를 기획하게 되었다고 했다. 그때 방청객으로 앉아 있던 많은 여성들이 박수를 치며 환호했던 장면이 기억난다. 직장인들에게는 연중 며칠 동안의 정해진 휴가라도 있지만 엄마들은 그렇지가 못하다. 엄마들에게 여러 날은 고사하고 단 몇 시간이라도 자신만의 휴가가 필요하다는 데 모두 공감했기 때문에 그런 반응을 보였을 것이다.

<엄마가 뿔났다>라는 드라마에서 평생 가족들에게 희생하고 알뜰하게 살림을 꾸려온 어머니 김한자(텔런트 김혜자 분)가 어느 날, 자기만의 시간을 가져야겠다고 1년간의 독립을 선언하여 이 땅의 많은 어머니, 주부들의 부러움을 사고 대리만족을 주었던 일도 있다. 하루 24시간, 연중무휴 지속되는 일상에서 벗어나 봄으로써 제자리에 돌아왔을 때 그 역할에 더욱 충실할 수 있다는 것을 보여주었다.

연속적으로 일하는 것도 좋지만 계속 일하게 되면 과부하가 걸리게 된다. 쉬었다 가는 것이 필요하다. 아무리 좋은 음식이라도 계속 먹게 되면 질려서 먹기 싫어지는 것과 같은 이치다.

사람뿐만 아니라 국립공원도 안식년제를 수행하고 있다. 지리산 8경의 으뜸으로 꼽히는 칠선계곡은 10년간 안식년을 취한 후 2008년 5월에 우리 곁으로 돌아왔다. 자연복원을 위해 지금도 일 년에 넉 달밖에 개방되지 않는다고 한다.

이것을 알기 쉽게 정리해보자.

국립공원을 계속 개방한다.

이럴 경우 유익한 기능은 무엇일까?
→ 관람객들이 지속적으로 방문할 수 있다.

그렇다면 이때 발생하는 유해한 기능은 무엇일까?
→ 오염되고 경관이 파괴되어 공원으로서의 기능을 계속하지 못할 수도 있다.

이렇게 계속해서 문제가 되기 때문에 간격을 두고 주기적으로 하도록 하는 원리가 주기적 작동이다. 하나님께서 일주일 중 하루를 쉬게 하신 것도 이런 이치가 아니겠는가!

주기적인 것을 이용하여 국내에서 큰 성공을 거둔 것은 한국연구재단 주관으로 열리고 있는 '금요일에 과학터치'다. 국민의 세금으로 어떤 연구를 하고 있는지 궁금하거나, 과학 기술에 대한 호기심을 채우고 싶거나, 벤처기업을 하는데 새로운 기술이 필요한 사람이 있다면 가보아야 할 곳이다.

　　매주 금요일마다 서울, 부산, 대전, 광주, 대구에서 물리학, 생명과학, 화학, 재료, 천문 등 다양한 분야의 교수 및 과학자들의 강연이 열린다. 어렵게만 느껴졌던 전문적인 연구결과를 일반 시민들이 알기 쉽도록 강연해주고 강의가 끝나면 직접 연구를 진행한 교수에게 궁금한 사항을 물어볼 수도 있다. 어른들만 올 것 같지만 전혀 그렇지 않다. 가족 단위로 오는 경우도 있고 간혹 초등학생들이 천진난만한 표정으로 교수들에게 곤혹스런 질문을 던져 당황하게도 하지만 질의응답이 재미있게 오간다. 마니아가 생길 정도로 인기를 끌고 있으며 특히 자녀들에게 과학을 쉽게 접해주고 싶어하는 학부모들에게 호응이 아주 좋다. 서울 지역에서는 매주 금요일 정독도서관에서 오후 6시 30분부터 8시 30분까지 2시간에 걸쳐 열리고 있다.

휴대폰은 우리를 지속적으로 다른 사람들과 연결해 주는 끈이 된다. 필자는 가끔 이런 현실이 부담이 될 때가 있다. 누군가에게 계속 감시당하는 것 같아 숨이 막힌다. 그런데 어느 날 필자가 휴대폰을 집에 두고 나온 적이 있었다. 그때 말할 수 없는 편안함과 자유를 느꼈다. 어떤 것에도 구속되어 있지 않다는 생각에 기분이 좋았다.

이렇게 항상 지속적으로 무언가를 했었다면, 그래서 독자 여러분의 머리가 고정관념에 사로잡혀 있다면 연속적인 그 행위를 끊어서 주기적으로 해보기를 권한다.

 관련 검색어

주기적, 양희은 엄마의 겨울방학, 엄마가 뿔났다 엄마의 안식년, 휴식, 국립공원 안식년제, 금요일에 과학터치

1. 자신이 가지고 있는 문제가 오랫동안 지속되어 지쳐 있는 상태는 아닌지 점검해보자.

2. 과학기술에 흥미가 있다면 〈금요일에 과학터치〉에 참여해보자.

3. 인터넷에서 '주기적'을 검색해 더 많은 사례를 찾아보자.

20. 유용한 작용의 지속
계속하게 만들자

하늘에만 매일 해가 뜨고 지는 것은 아니다. 우리들의 마음 속에도 다양한 해가 떴다가 진다.

좋아해, 미안해, 싫어해, 감사해, 미워해, 사랑해….

그 가운데 가장 위대한 해는 사랑해가 아닐까?

사랑은 수많은 영화, 노래, 문학작품의 소재가 되어왔고 아마도 이 세상이 끝나는 날까지 계속 될 것이다. 사랑에는 여러 가지가 있지만 시간과 세대를 초월해서 지속되는 사랑은 자녀에 대한 부모의 사랑일 것이다. 부모의 마음 안에는 항상 자녀에 대한 '사랑해'가 떠있다.

이번 "트리즈 100배 활용하기 (1)"의 마지막 원리인 '**유용한 작용의 지속**'은 자녀에 대한 부모의 사랑처럼 지속적으로 작용하게 하는 것을 말한다.

지속되지 않고 중간에 쉬게 되면 문제가 생기는 것에는 무엇이 있을까? 일단 여름에 길거리에서 많이 볼 수 있는 슬러쉬는 지속적으로 저어주어야 한다. 저어주지 않으면 굳어버리기 때문이다.

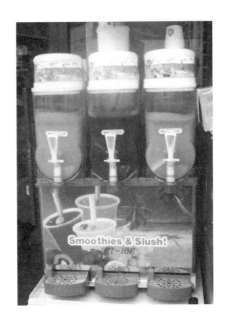

이와 비슷한 예로 콘크리트가 들어있는 레미콘차를 들 수 있다.

이렇게 중단하지 않고 계속 진행하는 개념을 사업에 도입한 것이 24시간 운영하는 가게들이다.

이른 아침이나 저녁 늦게 식사를 해야 할 때 24시간 운영하는 음식점만큼 반가운 곳은 없다. 365일 운영을 내걸고 있는 곳들도 마찬가지이다. 지하철이나 그 외 여러 곳에서 우리는 365코너를 볼 수 있다.

왜 이런 것을 운영하게 되었는지 알기 쉽게 정리해보자.

늦은 저녁에는 가게를 운영하지 않는다.

이럴 경우 **유익한 기능**은 무엇일까?
→ 이른 저녁까지는 자유롭게 가게를 이용할 수 있다.

그렇다면 이때 발생하는 **유해한 기능**은 무엇일까?
→ 늦은 저녁에 급하게 필요한 물건을 고객이 살 수 없게 된다.

　365일을 더 지속적으로 돌려서 아예 평생고객, 평생회원 제도, 평생
A/S 보장 이렇게 만든 것들도 다른 경쟁사들과 차별화 전략이 된다. 독자
여러분도 본인의 서비스가 지속적으로 함으로 인해서 다른 경쟁사들과
차별화를 할 수 있는 부분은 없는지 잘 생각해 보기 바란다.

　그런데 계속하고 싶은 무언가를 지속시킨다는 것은 무척 어려운 일이
다. 하나의 습관을 만들기 위해서는 적어도 21일은 지속해야 비로소 자
신의 습관으로 자리잡을 수 있다고 한다. 그런데 뭘 해도 작심삼일인 사
람들은 어떡하나?

　이럴 때는 작심삼일을 계속 돌리면 된다. 작심삼일로 끝났다고 생각하
지 말고 3일을 하나의 기간으로 보고 이것을 계속 돌리다 보면 습관으로
체화할 수 있을 것이다.

원더걸스의 'Tell Me', 'Nobody'
브라운 아이드 걸스의 '어쩌다'
바나나걸의 '미쳐미쳐미쳐'
소녀시대의 'Gee'

이 노래들의 공통점은 무엇일까?

바로 중독성 있는 가사가 반복된다는 점이다. 이런 노래들을 '후크송 (Hook song)'이라고 한다. 음악에는 기승전결이 있는데, 최근 유행하는 후크송에는 기승전결이 없고, 일정 부분만 반복된다.

무엇보다 후크송의 강점은 중독성이다. 이러한 노래들 안에서 같은 단어가 평균 50회 이상 반복된다. 그만큼 지속적으로 돌리고 돌려서 사람들 머리 속에 각인을 시키고 중독시키는 것이다.

후크송은 음악성으로 승부하기보다는 참을성이 없는 대중들이 한 번 듣고도 쉽게 빠질 수 있게 만든 음악으로, 전반적인 대중음악의 질을 떨어뜨린다는 비난도 받고 있지만 대중들에게 끊임없이 사랑받고 있는 것도 확실하다.

실제로 위에 소개된 노래 모두 큰 인기를 끌었다. 특히 원더걸스의 'Tell me'나 'Nobody'는 연령을 불문한 인기를 끌었고, 뒤를 이어 많은 후크송들이 쏟아져 나오는 결과를 낳았다. 소녀시대의 'Gee'는 TV 음악 순위 프로그램에서 9주 연속 1위를 차지했다. 또한 통화 연결음, 싸이월드 미니홈피 배경음악 등으로 예상 매출액만 40억 이상을 올렸고 그녀들의 대표적인 히트곡으로 자리매김했다. 최근 원더걸스가 'Tell Me'와 'Nobody'로 미국진출을 했다는데 얼마나 미국인들을 중독시킬 수 있을지 기대해본다.

필자는 EBS에서 방영하는 '지식채널ⓔ'를 인상 깊게 보고 있다. '어느 독서광의 일기' 편은 인상 깊었던 영상 중에 하나다.

명문 사대부가에 정3품 부제학을 지낸 아버지 '김치' 밑에서 태어난 아이가 있었다. 이 아이는 10살에 겨우 글을 배우기 시작했고 20살에 처음 스스로 작문을 했다. 이토록 우둔한 아들을 포기하라는 주위의 수군거림에 아버지는 이렇게 답한다.

"나는 저 아이가 저리 미욱하면서 공부를 포기하지 않는 것이 대견스럽네."

그리고는 아들에게 용기를 북돋아준다.

"더 노력해라, 공부란 꼭 과거를 보기 위해서 하는 것이 아니다."

그래서 그가 선택했던 것은 '읽고, 읽고, 또 읽는 것'이었다. 그래도 잊고 또 잊었다. 수 만 번 외워도 잊어버리고 착각도 했던 그는 만 번 이상 읽은 책들만 올린 '독수기'라는 특별한 기록을 남겼다. 36개 고서에 대한 섬세한 평이 담겨있다고 한다. 이렇게 지속적으로 노력한 끝에 그는 59세에 문과에 급제를 했고 성균관에 입학할 수 있었다. 이 사람이 바로 오언절구와 칠언절구가 빼어난 것으로 유명한, 당대 최고의 시인 백곡 '김득신'이다.

김득신의 이름을 들어본 적은 있었으나 이런 뒷이야기가 있었는지는 이 때 처음 알았다. 지속적인 노력은 언젠가 결실을 맺게 해 준다는 것을 자신의 삶을 통해 후대에 알려준 사람이라 생각한다. 영상 마지막에 나온 글귀는 감동의 마지막에 절정을 찍어주었다.

"재주가 남만 못하다고 스스로 한계를 짓지 말라. 나보다 어리석고 둔한 사람도 없겠지만 결국에는 이룸이 있었다. 모든 것은 힘쓰는 데 달렸을 따름이다.-김득신이 스스로 지은 묘비명에서-"

‘우공이산(愚公移山)’이라는 고사성어를 독자 여러분들도 많이 들어보았을 것이다. 나이가 90세에 가까운 우공이란 사람은 두 산이 가로막혀 돌아다녀야 하는 불편을 덜고자 자식들과 의논하여 산을 옮기기로 했다. 친구들이 정신이 나갔다며 만류하자, 우공은 내 대에 끝나지 못하더라도 자식과 손자가 대대로 지속하면 언젠가 산이 평평해질 것이라고 답했다. 이 말을 들은 산신령은 산을 평평하게 만드는 인간의 노력이 끝없이 지속될까 겁이 나 옥황상제에게 이 일을 알려 말리기를 호소했다. 옥황상제는 힘이 센 자에게 일을 시켜 산을 옮기게 했다는 이야기이다.

　지속적으로 무엇을 계속한다는 것은 어렵다. 그러나 우리 주변에서 어떤 어려움이 있더라도 영원히 사랑하겠다고 마음 먹을 수 있는,

　은은하게 지속시킬 수 있는,

　계속 사랑할 수 있는,

　그렇게 해줄 수 있는 것을 찾아보자. 서비스, 리포트, 칭찬 어떤 것이든 좋다.

관련 검색어

지속적으로, 계속, 부모의 사랑, 슬러쉬, 레미콘차, 24시간 운영, 365
일 코너, 평생고객, 평생회원 제도, 평생 A/S, 습관, 후크송, 어느 독
서광의 일기, 우공이산

1. 지속적으로 하지 못해 문제가 생긴 것이 있었다면 어떻게 지속성을 유지시킬 수 있을지 지금까지 학습한 원리들을 이용하여 아이디어를 내보자.

2. 인내심을 발휘하여 끝까지 해내 성공한 인물을 찾아보자.

3. 인터넷에서 '지속적으로'를 검색해 더 많은 사례를 찾아보자.

종합사례

    트리즈 40가지 해결원리를 친숙하게 느끼기 위해 다음과 같은 연습을 해 볼 수 있다.

    지금까지 배운 20가지의 해결원리를 이용하여 자신이 하는 일을 재해석해 보는 것이다.

예시 1)

〈닭볶음탕 만들기〉

- 닭과 야채 등 필요한 재료를 구입한다.(10번 사전 준비조치)
- 미리 깨끗이 씻어 세균 오염 등을 예방한다.(11번 사전 예방조치)
- 이물질을 제거한다.(2번 추출)
- 각 재료를 먹기 적당한 크기로 자른다.(1번 분할)
- 닭의 부분 부분에 칼집을 낸다.(3번 국소적 성질)
- 닭을 양념장과 함께 끓이면서 주기적으로 저어주며 익힌다.(19번 주기적 작동)
- 숟가락으로 조금 떠먹어보면서 간을 한다.(2번 추출)
- 완성되면 각자의 그릇에 나누어 담는다.(1번 분할)

예시 2)

〈화장하기〉

- 수정 화장을 위해 파우치에 덜어서 담는다.(1번 분할)
- 스킨, 로션의 내용물 일부를 화장솜에 덜어 사용한다.(2번 추출)
- 립글로즈는 전체적으로 바르지 않고 입술 중앙에만 살짝 발라준다.(3번 국소적 성질)
- 본래는 입술에 바르는 립글로즈를 눈꺼풀에 살짝 발라주면 반짝이는 눈매 표현이 가능하다.(6번 범용성/다용도)
- 메이크업 도구는 미리 잘 씻어서 준비한다.(10번 사전 준비조치)
- 사전에 기초 화장품을 잘 발라 메이크업이 뜰 가능성을 방지한다.(11번 사전 예방조치)
- 화장이 뜰 수 있으므로 충분한 수면과 세안을 한다.(11번 사전 예방조치)

예시 3)

20XX. X. X(40가지 해결원리를 활용한 일기)

해야 할 리포트가 너무 많다!
잔뜩 쌓여있는데 이걸 언제 다 해야 할지 고민된다.
나의 고민들을 머리 속에서 **추출**(2번)하여 교수님께 피드백해드리고 싶은 심정이다.

어쨌든 나는 '놀이지도' 교수님이 내주신 '아이 관찰하기' 리포트를 해야 했으므로 이모에게 전화를 거는 **사전 준비조치**(10번)를 했다.
"이모, 오늘 나 지원이 관찰하러 간다~!"

저녁 7시 즈음에 이모집으로 발걸음을 재촉하여 달려갔다.
난 오늘을 위해 '아이와 함께 노는 방법'이란 책을 준비해서 읽었다.
그래서인지 아이들 눈높이에 맞추는 **높이 맞추기**(12번) 하는 것이 의외로 쉬웠던 것 같다.

미리 준비해서 읽었던 책에 수건으로 손을 가리고 가위바위보 하는 것이 있었다.
그걸 같이 해보았는데 이게 웬일! 애들이 너무 좋아하더라!
수건이라는 중간매개물을 하나 이용했을 뿐인데 이렇게 효과가 좋을 줄이야!

단순히 여기에 그치지 않고 수건 안에 있는 손을 빨리 꺼내어 가위바위보 하는 형태를 취해보았다. 아이들이 자지러졌다. ~와하~
수건은 일회용품이 아니라 계속 사용할 수 있으니 좋은 도구인 것 같다.

그 뒤로는 동물흉내내기를 해보았다. 원숭이 행동을 흉내내면서

"애들아~이게 무슨 동물이게?"

"원숭이!"

바로 맞춰 버렸다. 조금 시시하군.

이건 **사전 예방조치**(11번)로 여러 가지 시나리오를 사전에 많이 생각해 두어야 가능한 놀이 같다. 난 이 수건을 책에서 언급했던 '손을 가리는 기능'외에 마땅히 다른 용도로는 생각하지 못했다. **범용성/다용도**(6번)를 좀더 고민했다면 더 다양하게 놀아 줄 수 있었을 텐데 그러지 못해 아쉬운 감이 있었다.

오늘 해본 아이들 관찰 실습을 리포트로 바꾸어야 하는 괴로움이 있긴 하지만 아이들에 대해 배울 수 있었던 계기였기에 아주 즐거웠다.

내 머리 속에 **유용한 작용으로 지속**(20번)되어 추억으로 남을 것이라는 생각이 든다.

이것만은 실천하자!

여러분이 수행하는 일 가운데 하나를 선정하여 40가지 해결원리로 재
해석해보라.

2003년 포틀랜드와 댈러스 간의 농구 경기가 있었다. 경기에 앞서 13살 여자아이 나탈리 길버트(Natalie Gilbert)가 전국으로 생중계되는 이 경기 전 행사에서 미국 국가를 불렀다. 그러나 너무 긴장했던 탓인지 중간에 그만 가사를 잊어버렸다. 아무리 연습을 많이 했더라도 어린 나이에 2만 명이나 되는 관중들 앞에서 노래를 부른다는 것은 쉬운 일이 아니었을 것이다. 얼굴이 새빨개진 채 마이크를 들고 어쩔 줄 몰라 하는 소녀에게 당시 포틀랜드의 감독이었던 모리스 칙스(Maurice Edward Cheeks)가 다가갔다. 모리스 칙스 감독은 소녀의 어깨에 한 손을 얹고 또 다른 한 손으로는 박자를 맞춰가며 노래를 같이 불러주었다. 음정이 불안하긴 했지만 소녀는 끝까지 노래를 부를 수 있었고, 끝난 후 벅찬 표정으로 칙스 감독과 포옹을 나눴다. 이 무대가 끝난 뒤 소녀는 "무대 위에서 천사를 만났다"고 말했다고 한다.

필자는 어느 세미나에 갔다가 강사 분이 보여준 이 영상을 보고 큰 감명을 받았다. 누군가가 이렇게 힘들어 할 때 그 옆에서 함께 노래를 불러주고 어깨에 손을 얹어주는 것만으로도 큰 힘이 될 수 있다는 것을 알 수 있었기 때문이다.

그렇다. 필자는 이렇게 힘들어 하는 사람들에게 힘이 되어 주고 싶다.

트리즈란 '문제를 창의적으로 해결하기 위한 이론'이란 의미의 러시아어 Теория(째오리야-이론) Решения(레셰니야-해결) Изобретательс ких(이조브레따쩰스키흐-발명) Задач(자다취-문제)의 머리글자이다.

트리즈는 지식기반 문제해결 기법으로 기존의 훌륭한 선행 발명들이 사용했던 문제해결 기법과 개념을 표준화한 것이다. 이 문제해결 지식을 자신의 문제해결에 사용함으로써 연구개발 속도를 향상하고 연구의 질을 올릴 수 있다. 1946년부터 1985년에 걸쳐 겐리후 싸울로비츄 알트슐러 (Genrich Saulovich Altshuller, 1926~1998)와 그의 동료, 제자들이 3,000,000건 이상의 특허를 분석, 거기에 존재하는 공통의 문제해결 원리를 요약, 정리한 것이다.

- 트리즈 통신교육 학습교재, (사)한국트리즈협회 -

그 동안 트리즈를 공부하고 또 강의해 오면서 확신이 들었던 것은 '트리즈는 창의적으로 문제해결을 하는 데 좋은 기법'이라는 것이다. 그런데 트리즈는 모순, 자원, 이상성 등의 개념과 40가지 발명원리, 분리의 원리, Effect, 76가지 표준해 등의 다양한 도구들이 있어 어떤 것부터 해야 할지 어려움이 있었다. 또한 기술 영역에서 출발했고 과학적인 내용을 많이 다루고 있어 이공계이거나 과학을 잘 하는 사람이 아닌 경우에는 사례조차도 이해하기가 쉽지 않아 강의하는 데 애를 먹었다.

이런 상황에서 트리즈에 접근하는 방식은 여러 가지가 있을 것이다. 크게 보면 '트리즈를 보다 더 많은 사람들이 쉽게 다가갈 수 있도록 대중화시키고 쉽게 접근하도록 하는 방식'이 있고 '트리즈의 본질을 좀 더 정확히 이해하고 그 깊이를 더욱 더 깊게 하는 방식'이 있다.

필자의 경우에는 '누구나 알기 쉽고 재미있는 트리즈를 소개하고 싶다'라는 생각을 가지고 있었기 때문에 후자보다는 전자를 염두에 두고 작성을 했다.

그래서 트리즈의 여러 도구 중 가장 쉽게 접근이 가능하다는 '40가지 발명원리' 즉, 40가지 해결원리를 선택하여 소개하였다.

또한 '생활 속의 사례와 비즈니스 사례들을 많이 넣고 싶다'는 생각에 독자 여러분의 이해를 돕기 위해 우리 주변에서 쉽게 볼 수 있는 사례를 모았고 이해를 돕기 위해 사진을 넣었다.

그리고 '모순'이라는 개념은 트리즈에서 중요한 개념이지만 초보자들의 경우 이 단어를 어려워할 수 있어 '유익한 기능, 유해한 기능'으로 간접적으로 설명하였다. 트리즈 전문가들이 바라볼 때는 모순을 직접 언급하지 않은 아쉬움이 있겠지만, 초보자들을 위한 책이므로 너그러이 이해해주시길 바란다.

모리스 칙스 감독이 힘들었던 소녀 옆에 함께 있어주었던 것처럼 트리즈를 알고 싶지만 어려워하는 사람들에게 이 책이 힘이 되었으면 하는 바람이다.

책을 다 읽은 후에 다음과 같은 생각이 들었다면 여러분은 멋진 투자를 한 것이다.

'트리즈 40가지 해결원리가 어려운 것이 아니네'

'쏠쏠한 재미가 있는데'

'시도해 볼만 한데'

부디 이 책이 쉽고 재미있게 여러분에게 전달되었으면 하는 바람이다.

그러나 쉽고 재미있게만 전달되는 것으로 이 책이 끝나기를 원하지는 않는다.

여러분의 실생활과 현업에 직접적으로 도움이 되길 바라기 때문이다.

그렇다면 어떻게 실천하면 좋을까?

2가지 방법을 제안하고 싶다.

첫째, 한 달 단위로 40가지 해결원리가 한 번의 사이클이 돌아갈 수 있도록 나누어서 적용한다. 예를 들면 매월 1일에는 '분할의 날', 7일에는 '포개기의 날' 이런 식으로 해당 일에 맞추어 집중적으로 그 날에 해당되는 해결원리를 생각하고 적용해 보는 것이다.

그런데 한 달이 2월을 제외하고는 30일 혹은 31일이므로, 21번 원리 이후에는 해당 날짜에 2개씩 적용하면 된다. 예를 들면 10월 25일일 경우 25번 셀프서비스와 35번 속성변화를 하루에 적용해 보는 것이다. 필자의 경우 이렇게 실천하여 보니 40가지 해결원리를 적용하는 것이 즐거운 일이 되었다.

둘째, 이러한 훈련이 어느 정도 마스터되면 다소 무식한 방법이긴 하지만 40가지 해결원리를 외울 것을 제안한다. 필자도 처음에는 외우기 전과 외운 후에 무슨 차이가 있을까 의구심이 있었지만 직접 40가지 해결원리를 외우고 나니, 문제를 바라보는 관점도 늘어나고 해결책을 고민할 때 예전보다 훨씬 속도가 빨라지는 것을 체험할 수 있었다.

그리고 마지막으로 독자 여러분에게 당부할 것이 있다.

'트리즈는 Or(둘 중의 하나)의 사고가 아니라 And(둘 다)의 사고이며, 승패의 사고가 아니라 승승의 사고를 추구한다'는 것이다. 40가지 해결원리를 가지고 문제해결 아이디어를 낼 때 이 점을 꼭 기억하길 바란다.

이 책이 나오기까지 정말 많은 분들의 도움이 있었다.

그 중에서도 특히 MJ미디어의 나영찬 대표님께서 이 책을 맡아주셔서 책이라는 결과로 나타날 수 있었고, (사)한국트리즈협회 김익철 회장님께서 바쁜 시간을 쪼개어 원고를 검토해 주신 덕분에 더욱 알찬 책으로 태어날 수 있었으며, 김인옥 선생님께서 꼼꼼하게 교정을 보아주셔서 더

짜임새 있는 책이 가능하였다. 그리고 애정을 가지고 추천의 글을 써주신 분들께 이 지면을 빌어 진심으로 감사 드린다.

끝으로 이 원고를 집필하면서 다른 분들이 땀 흘려 만든 저작권을 존중하고 침해하지 않기 위해 자료들의 출처를 최대한 밝히려고 노력하였으나, 꼼꼼히 체크하지 못해 출처를 밝히지 못한 부분이 있다면 독자 여러분께서 너그러이 양해해 주시길 바란다.

- 저자 일동 -

참고 자료

- 주요 참고 문헌
• 트리즈 통신교육 학습교재, (사)한국트리즈협회
• 그림으로 보는 발명문제 해결 이론 40가지 원리, 겐리흐 알트슐러 저, 도서출판 인터비젼
• 회사를 살리는 아이디어 42가지, 송미정 · 김경철 저, 연합뉴스
• 생각의 창의성, 김효준 저, 도서출판 지혜
• 알기 쉬운 트리즈, Kalevi Rantanen · Ellen Domb 저, 도서출판 인터비젼
• Da Vinci and the 40 Answers, Mark L. Fox, Wizard Academy Press
• 실용트리즈의 창의성 과학, 김호종, 두양사

- 1번 참고 자료
• 초식남 건어물녀 기사, 서울신문, 2009년 7월 22일자
• 셀프 리추얼족 기사, 헤럴드경제 생생뉴스, 2009년 7월 15일자
• 동네예보 기사, 매일경제, 2008년 10월 24일자
• 비씨카드 레인보우 카드 기사, 머니투데이, 2007년 7월 23일자
• 기상청 : http://www.kma.go.kr/

- 2번 참고 자료
• 맥킨지는 일하는 방식이 다르다, 에단 라지엘 저, 김영사
• 캐논, 대담한 개혁, 사카마키 히사시 저, 북쇼컴퍼니
• 마인드 세트, 존 나이스비트 저, 비즈니스북스
• 리더를 위한 미술 창의력 발전소, 이주헌 저, 위즈덤하우스

- 트위터 기사, 한경비즈니스, 2009년 7월 20일자
- VVIP 카드 기사, 매일경제, 2009년 6월 12일자
- VVIP 휴대폰 기사, 매일경제, 2009년 6월 12일자
- 여성 전용 헬스장 카브스 기사, 동아일보, 2009년 2월 10일자
- 픽토그램 관련, 네이버 백과사전 : http://dic.naver.com/
- 트위터 : http://www.twitter.com/
- 미투데이 : http://www.me2day.net/

- 3번 참고 자료
- 백화점 정문 기사, 매일경제, 2007년 12월 4일자
- 열차카페 기사, 경향신문, 2009년 7월 22일자
- 바비큐존 기사, 일간스포츠, 2009년 8월 14일자
- 국부조명/전체조명 기사, 전자신문, 2008년 5월 6일자
- 정오의 음악회 기사, 매일경제, 2009년 6월 8일자
- 정오의 음악회 기사, 국민일보, 2009년 5월 15일자
- 국립극장 해오름극장 : http://www.ntok.go.kr/

- 4번 참고 자료
- 비대칭 타이어 기사, 한경비즈니스, 2009년 4월 22일자
- 비대칭 패션 기사, 한국경제, 2007년 11월 11일자

- 5번 참고 자료
- 바이크 버스 기사, SBS, 2009년 6월 20일자
- 자전거 출퇴근제 기사, 전자신문, 2009년 7월 30일자
- 나이키플러스 기사, 전자신문, 2009년 6월 8일자
- 나이키플러스 : http://nikerunning.nike.com/nikeplus/

– 6번 참고 자료
- 논아트 기사, 괴산군 보도자료, 2009년 7월 25일자
- 논아트 기사, YTN, 2009년 8월 1일자
- 건물 겸 갤러리 기사, 중앙일보, 2009년 3월 19일자
- 네이트온 : http://nateonweb.nate.com/
- 아이엠피 : http://www.impidea.com
- 괴산군청 농업기술센터 : http://www.gsat.go.kr/

– 7번 참고 자료
- 마트료쉬까 기사, 한국경제, 2005년 7월 22일자
- 마트료쉬까 관련 : http://matryoshka.co.kr/

– 8번 참고 자료
- 이선희 황금어장 기사, 헤럴드경제 생생뉴스, 2009년 4월 10일자
- 무한도전 기사, 주간한국, 2009년 7월 31일자
- 황금어장 131회, MBC
- 무한도전 160회, 161회, MBC

– 9번 참고 문헌
- 키라라의 일 5권, 하야카와 히카리 저, 서울문화사
- 언씽커블, 아만다 리플리 저, 다른세상
- 유리가면 애장판 3권, 미우치 스즈에 저, 대원
- 히딩크 오대영 기사, 스포츠서울, 2009년 6월 7일자

- 10번 참고 자료

- 맛 없으면 신고하세요 홍신애 닷컴, 홍신애 저, 그리고책
- 무세미 기사, 머니투데이, 2007년 3월 20일자
- 베리핀 기사, 한국경제, 2009년 7월 19일자

- 11번 참고 자료

- 新藥 오딧세이, 심재우 저, 위아북스
- 하인리히 법칙, 김민주 저, 토네이도
- 베타테스터 기사, 매일경제, 2003년 2월 13일자
- 이혼숙려제 기사, 파이낸셜뉴스, 2009년 7월 2일자

- 12번 참고 자료

- 2,000원으로 밥상 차리기, 나물이 저, 영진닷컴
- 12억짜리 냅킨 한 장, 김영세 저, 중앙 M&B
- 이 PD의 뮤지컬 쇼쇼쇼, 이지원 저, 삼성출판사
- 쉬운 자산운용 보고서 기사, 동아일보, 2009년 6월 5일자
- 케서방 기사, 동아일보, 2009년 4월 20일자

- 13번 참고 자료

- 월간 Design 8월호, 월간디자인편집부 편저, 디자인하우스, 2009
- Unitas BRAND Vol.9, 유니타스브랜드 잡지 기획부 저, 바젤커뮤니케이션, 2009
- 월간 행복한 동행, 좋은생각사람들 저, 2009년 10월자
- 원어데이 기사, 파이낸셜 뉴스, 2009년 1월 4일자
- 닌텐도 wii 기사, 중앙일보, 2009년 6월 5일자
- 닌텐도 wii 기사, 동아일보, 2008년 11월 28일자
- 어린농부, 딸기가 좋아 : http://www.ilikedalki.com

– 14번 참고 자료
• 주니어 지식채널ⓔ 2, EBS지식채널ⓔ제작팀 저, 지식채널

– 15번 참고 자료
• Universal Principles of Design, by William Lidwell, Kritina Holden, Jill Butler , Rockport Publishers
• 티클미엘모인형 기사, mbn, 2006년 9월 25일자
• 티클미엘모인형 기사, 머니투데이, 2007년 6월 30일자
• 안나 네트렙코 기사, 주간동아, 2008년 2월 20일자
• 살아있는 미술관 기사, 스포츠서울, 2008년 9월 11일자
• 살아있는 미술관 기사, 한국경제, 2008년 10월 12일자
• 살아있는 미술관 기사, 연합뉴스, 2008년 9월 13일자

– 16번 참고 자료
• 주니어 지식채널ⓔ 2, EBS지식채널ⓔ제작팀 저, 지식채널
• 개복치알 기사, 연합뉴스, 2004년 6월 14일자
• 스티브 잡스 프레젠테이션 기사, 매일경제, 2009년 4월 3일자
• 융단폭격식 광고 기사, 매일경제, 2008년 6월 6일자
• 융단폭격식 광고 기사, 디지털타임스, 2009년 3월 6일자

– 17번 참고 자료
• 나는 팝업북에 탐닉한다, 앨리스설탕 저, 갤리온
• 천장형 에어컨 기사, 매일경제, 2008년 2월 26일자
• 천장형 에어컨 기사, 서울경제신문, 2008년 1월 10일자
• 버티컬 팜 기사, SBS, 2008년 5월 7일자
• 팝업북 기사, 한경비즈니스, 2008년 10월 28일자
• 팝업북 기사, 한겨레, 2008년 7월 20일자

- 버티컬 팜 프로젝트 : http://www.verticalfarm.com/
- 로버트 사부다 : http://www.robertsabuda.com/

- 18번 참고 자료
- 초음파 세척기 기사, 국민일보, 2009년 7월 23일자
- 진동칫솔 기사, 파이낸셜 뉴스, 2009년 5월 7일자
- 진동 바운서 기사, 포커스신문사, 2008년 12월 19일자

- 19번 참고 자료
- 칠선계곡 안식년 기사, SBS, 2008년 5월 18일자
- 금요일에 과학터치 기사, 전자신문, 2009년 3월 20일자
- 금요일에 과학터치 : http://www.sciencetouch.net/

- 20번 참고 자료
- 계속모드, 오오하시 에츠오 저, 다산라이프
- EBS 지식채널ⓔ 中 어느 독서광의 일기(161회)
- 후크송 관련 기사, 매일경제, 2009년 4월 20일자
- 후크송 관련 기사, 쿠키뉴스, 2009년 3월 31일자
- 우공이산 뜻 관련, 다음 한자사전 : http://enc.daum.net/
- 사랑해 관련 : http://www.mir2030.com/

창의적 문제해결, TRIZ

트리즈 100배 활용하기 ①

2010년 1월 8일 제1판제1발행
2018년 3월 22일 제1판제6발행

공저자 정찬근 · 정다혜 · 이경원
발행인 나 영 찬

발행처 **MJ미디어** ─────────

서울특별시 동대문구 천호대로 4길 16(신설동)
전 화 : 2234-9703/2235-0791/2238-7744
FAX : 2252-4559
등 록 : 1993. 9. 4. 제6-0148호

정가 9,500원